城市房价上涨影响居民消费的作用机制研究

Research on the Mechanism of Urban Housing Price Increasing to Residents' Consumption

徐小鹰 著

中国社会科学出版社

图书在版编目（CIP）数据

城市房价上涨影响居民消费的作用机制研究/徐小鹰著.—北京：中国社会科学出版社，2016.3

ISBN 978-7-5161-7278-0

Ⅰ.①城…　Ⅱ.①徐…　Ⅲ.①房价—经济波动—影响—居民消费—研究—中国　Ⅳ.①F126.1②F299.233.5

中国版本图书馆 CIP 数据核字(2015)第 301055 号

出 版 人　赵剑英
责任编辑　侯苗苗
特约编辑　明　秀
责任校对　张　英
责任印制　王　超

出　　版　中国社会科学出版社
社　　址　北京鼓楼西大街甲 158 号
邮　　编　100720
网　　址　http：//www.csspw.cn
发 行 部　010-84083685
门 市 部　010-84029450
经　　销　新华书店及其他书店

印　　刷　北京金瀑印刷有限责任公司
装　　订　廊坊市广阳区广增装订厂
版　　次　2016 年 3 月第 1 版
印　　次　2016 年 3 月第 1 次印刷

开　　本　710×1000　1/16
印　　张　10.25
插　　页　2
字　　数　203 千字
定　　价　38.00 元

凡购买中国社会科学出版社图书，如有质量问题请与本社营销中心联系调换
电话：010-84083683

前　言

我国自 1998 年住房制度改革以来，房地产市场进入了突飞猛进的快速发展通道，城市房地产价格尤其是商品房住宅价格持续上涨成为社会各界广泛关注的热点和焦点问题。与此同时，我国居民消费率却呈现逐年下降的趋势，有些学者指出，城市房价上涨对居民消费具有挤出效应，房价上涨会抑制居民消费；另有部分学者认为，作为家庭重要资产和社会财富重要组成部分的住房，其价格上涨会引起家庭资产和社会财富存量增加，进而对家庭消费有促进作用。房价上涨影响居民消费的具体作用机制目前并没有得到全面的分析和深入研究，其影响程度也没有得出一致公认的结论。这种研究的非全面性和时滞性与我国现阶段房地产业快速发展、城市住房价格不断高涨的现实背景及我国政府为实现房地产业持续健康发展而进行有效的宏观调控的现实需求是不相适应的。

本书以城市住房价格为研究主题，试图解决的主要问题是我国房地产市场化改革十三年来，城市住房价格的快速增长在微观层面对居民消费的作用机制如何？具体来讲，主要分析城市住房价格上涨对居民消费是否产生影响？是正面效应还是负面效应？影响消费的具体作用机制又是什么？我国政府应当如何更为有效地解读住房价格信息并据此制定相应有效的宏观调控政策？

本书在对城市住房价格上涨影响居民消费作用机制进行梳理和归纳的基础上，以微观经济学、宏观经济学、房地产经济学、消费经济学、金融经济学等经济学理论为基础，综合运用多种研究方法，从理论和实证两个角度对我国城市住房价格上涨影响城市居民消费的作用机制展开具体分析和研究，进而为政府对房地产市场实施更为有效的宏观调控政策提供有力的理论依据和支撑，这对我国国民经济的持续健康稳定发展具有重要的理论意义和实践价值。本书具有以下几个方面的特点。

一是研究内容具有较强的系统性。目前国内对房价上涨影响居民消费作用机制的研究更多集中于对财富效应的分析，对其他作用机制如抵押信贷效应、主观因素效应等论证较为鲜见，本书将对城市房价上涨影响居民消费的多种作用机制进行全面、深入的分析。整体来讲，研究对象丰满，研究层次分明，重点、难点突出，显示出了较强的系统性。

二是研究方法上的特点。本书综合运用了多种研究方法，其中计量经济学分析方法贯穿始终。国内众多学者对这一问题的研究更多地倾向于采用全国时间序列或是个别城市的年度数据，在指标选择、数据筛选和研究方法差异性不是很大的情形下，最后得出的分析结论却大相径庭。究其原因，这与样本数据容量极其有限和计量分析方法的不当使用等因素有关，从而导致实证分析结论有所偏差。本书以多个城市的季度数据为样本，增加样本数据的容量，克服了以往研究中由于样本过少所导致的结论偏差以及对各个城市间差异性问题的忽略，进而提高分析的可靠性和准确度。同时利用非平稳面板计量方法综合分析城市住房价格上涨影响居民消费的作用机制。

本书的结论和政策建议是建立在理论框架和经验回归模型的基础之上，因此模型的假设条件是否合理、样本数据是否真实都会对最终结论产生重要影响。在实证分析中，本书尽可能地选择来源可靠、时序较长、截面较多的样本数据，使估算结果更具有稳健性，得到更加客观和准确的结论。即便如此，由于我国房地产业发展时间较短，房地产市场不成熟，相关的统计数据较为滞后，仍然存在一些遗憾之处，这也是后续研究需要重点关注的方向。在后续研究中，尽可能地通过各种渠道收集数据，增加微观家庭或居民长期跟踪调查的统计数据，如不同年龄组或不同收入阶层的居民消费支出情况和房屋资产情况等资料，进而提高分析的可靠性和准确度。

目　　录

第一章　导言

国务院办公厅于1998年7月发布《国务院关于进一步深化城镇住房制度改革加快住房建设的通知》（以下简称《通知》），《通知》中明确指出，我国从1998年下半年起将逐步实行城镇住房货币化分配，停止以往实施的住房实物性分配。随着人们生活水平的不断提高和该《通知》的出台，居民对住房状况改善的需求逐步提高，这在一定程度上导致住房市场需求不断增加，房地产业由此应运而生，并逐渐进入平稳快速发展阶段，成为我国国民经济的支柱产业之一。

2003年以来，我国城镇住房价格持续上扬，并且大部分城市房屋销售价格出现明显上涨态势，这种增长态势一直延续到2006年下半年，当年国家出台一系列宏观政策以控制过热的总需求，使得众多城市的房价出现下降趋势。2008年源于美国的次贷危机逐渐转变成波及全世界范围的金融风暴，对众多国家的实体经济产生了颇为显著的不利影响。为了保持我国国内经济的健康发展，央行紧缩性的宏观调控政策开始松动，放松银根，进而导致2008年渐入下行通道的房价在次年第二季度再次进入价量齐涨状态，一直到2010年第二季度全国土地交易价格和住房销售价格指数同比增长达到近十年来的顶峰。面对日益上涨的房价，国家在2010年相继出台一系列房地产市场调控措施，“国十条”明确限制异地购房、二套房贷标准大幅提高；新“国八条”提出将把二套房贷首付比例提至60%，贷款利率提至基准利率的1.1倍；“国五条”宣告房地产调控进一步趋紧，对热点城市投资投机需求的抑制再度升级，北京、上海等城市配套细则相对严格，其他绝大多数城市基本延续了“国五条”政策方向。受一系列政策影响，多数城市成交量在2013年明显回落。

但值得关注的是，伴随着住房制度市场化改革所带来的城市住房价格持续快速的上涨，我国居民消费率与此同时也呈现逐渐下降的趋势，这使得人们开始认为，作为家庭重要资产和社会财富重要组成部分的住房，其价格上涨无疑会引起家庭资产和社会财富存量增加，进而对家庭消费支出产生较大影响。但是，房地产价格上涨影响居民消费的具体作用机制并没有得到全面的分析和研究，其影响程度也没有得出一致公认的结论。因此，有必要对我国城市房价上涨影响居民消费的作用机制进行全面、深入分析，并提出相应的政策建议，进而为政策当局更为有效地解读住房价格信息和对我国房地产市场实施更为有效的宏观调控提供有力的理论依据和支撑。

第一节 相关概念界定

一 住房及住房价格

（一）住房

住房，简言之，就是可以供人居住、生活或工作的房屋。我国住房按属性主要分为商品房和保障性住房两大类。商品房是指在市场经济条件下，具有经营资格的房地产开发公司通过出让方式取得土地使用权后经营的住宅，均按市场价出售。由于我国长期以来在住房体制上实行供给制，因此，商品房是20世纪80年代以后才在我国出现的。其价格由成本、税金、利润、代收费用以及地段、层次、质量、材料差价等组成。从法律角度来分析，商品房是指按法律、法规及有关规定可在市场上自由交易、不受政府政策限制的各类商品房，包括新建商品房和二手房等。本书所分析的城市住房主要指的是城市新建商品房。

保障性住房是与商品性住房相对应的一个概念，是指政府为中低收入住房困难家庭所提供的限定标准、限定价格或租金的住房，由廉租房、经济适用房和政策性租赁房构成。廉租房是指政府以租金补贴或实物配租的方式，向符合城镇居民最低生活保障标准且住房困难的家庭提供社会保障性质的住房。廉租房的分配形式以租金补贴为主，实物配租和租金减免为辅。经济适用房是指已经列入国家计划，由城市政府组织房地产开发企业或者集资建房单位建造，以微利价向城镇中低收入家庭出售的住房。

（二）住房价格

住房价格即是指住房连同其占用土地的价格，即房价等于土地价格与建筑物价格之和。住房价格有三种存在形式：市场价格、成交价格、申报价格。市场价格是指一套住房的市场价值，随市场行情随时波动。成交价格是买卖双方成交的实际价格。申报价格是向政府管理部门登记的结果，与实际成交价格差距较大。本书主要研究的是市场价格。

住房价格决定有其独特规律。住房价格属于存在地租时的商品价格的一种，是典型的不同等级土地生产的商品有用性存在差异的情形：对住房而言，好地段住房有用性高，差地段住房有用性低。从而，住房价格受到不同等级土地生产的商品有用性存在差异时的地租理论的价格规律的制约。住房价格主要受到三个因素的影响：住房的有用性、城市边缘住房的有用性、城市边缘住房的生产成本，一般用以下公式表示：

$$P=(U/U_0)\times C_0$$

式中，P 为某套住房的价格；U 为该套住房的有用性；U_0 为城市边缘住房的有用性；C_0 为城市边缘住房的生产成本。

除了上述三个因素以外，住房价格还受到供求状况的影响，不过供求状况对住房价格的影响往往是短期的，而且影响也有限。影响住房价格变动的因素很多，包括经济因素、社会因素、政治因素、科学技术因素等。对发展中的城市而言，城市中已经建成的住房价格往往会随着城市规模的扩大而不断提高。住房价格提高的原因来自两个方面：一方面是新建住房生产成本 C_0 上升，另一方面是住房的有用性的相对提升。住房生产成本的提高，主要原因在于新建住房所用土地价格的提高、劳动力成本上升、原材料成本上升等，而住房有用性的相对提升，则是因为城市规模扩大，越来越偏远的地段会被用于建房，城市中已建成住房的有用性 U 与最新建的住房的有用性 U_0 相比，优势越来越大，即 U 与 U_0 之比越来越大。从而根据房价公式，住房价格 P 会随着城市的发展越来越高。

二　财富效应

住房在当前已然成为我国家庭资产构成中的最主要资产。2009 年清华大学中国金融研究中心抽样调研结果表明，住房在我国家庭资产构成中占比约为 62%，而其他资产如现金和存款（包含活期和定期）等在总资产中所占比重还不到 15%。可见，在我国，住房已经成为居民家庭财富的重要组成部分，房价上涨会影响家庭财富，进而影响居民的消费支出。

《新帕尔格雷夫经济学大词典》（1992）指出，财富效应（Wealth Effect）指的是："若其他条件相同，货币余额的变化将引起总消费支出的变动，该效应通常也被称为实际余额效应或庇古效应。"根据众多财富效应的研究文献，可以将其这样界定：财富效应是指居民资产价值的变化对居民消费需求所产生的影响。总的来看，财富效应包含正负两个方面的效应，一般提到某种资产具有财富效应时，指的是资产价格增加对消费具有促进作用。在现代社会，随着社会财富构成形式逐渐多样化及其比重的不断调整，不仅实际货币余额变动会对个人财富的价值产生影响，而且其他资产价值变动也同样会导致财富水平的变动，从而使得消费需求发生变动。

所以，通常意义上的财富效应指的是包括银行存款、现金、有价证券、房地产等在内的居民净资产的变化对居民消费需求的影响。其中，房地产、银行存款和有价证券是居民资产中的主要构成部分，银行存款和债券等价格的相对稳定性使得众多财富效应的分析集中在股票市场和房地产市场。前者指的是股价波动导致股票持有者的财富发生增减，从而对消费支出产生影响。由于学术界对前者的研究明显早于后者，所以，很多有关房地产财富效应的概念界定也基本上采用了股市财富效应的定义。所以，这里可以将房价影响居民消费的财富效应界定为：住房价格的波动导致住房财富增减发生变化，进而对消费会产生促进或抑制影响。

三　抵押信贷效应

抵押信贷指的是抵押贷款人根据《担保法》规定的抵押方式，以借款人或者第三人的财产充当抵押物所发放的贷款。根据法律相关规定，可以充当抵押物的财产包括：抵押人依法取得的土地使用权、抵押人能够自主支配的房产、其他土地上的定着物和贷款人所认可的其他财产。贷款人和抵押人双方签订抵押合同之后，双方都必须严格按照相关规定办理抵押物登记等一些手续。从抵押物登记之日起抵押合同产生法律效力，一直到借款人把全部贷款本金和利息还清时合同终止。

住房是非常优质的抵押品，房价上涨提高了住房的抵押价值，它允许有流动性约束的家庭能够借到更多资金用于消费。所谓流动性约束，指的是经济活动的主体如居民由于其货币或资金量不足，而且很难从外部如银行筹到资金，不能达到其预想的消费量，进而造成经济系统中总需求不足的现象。房价通过抵押效应渠道影响家庭消费的强弱程度取决于抵押借贷成本的高低和信贷市场的发达程度。

2006 年初美国华尔街发生“次贷危机”，并于 2007 年下半年逐渐蔓延到日本、欧盟等其他主要金融市场，并逐渐转变成波及全球范围的一场金融风暴。美国次贷危机的产生很大程度上源于金融产品透明度不足、信息不对称，金融风险从最初的住房市场逐渐延伸到资本市场，从金融领域蔓延到实体经济领域，并通过资本这一渠道从美国波及世界其他国家乃至全球范围。危机发生后，房地产市场的抵押信贷对实体经济尤其是居民消费的影响再度成为社会各界关注的热点。

我国的市场经济体系正处于逐步确立和不断完善之中，与此相适应，住房体制经过不断的改革和探索，我国业已建立了相对比较完善的住房金融体系，为住房市场持续健康稳定的发展提供了良好的金融服务与支持。在银行主导型的金融体系下，我国住房金融体系与英美等西方国家以专业性住房金融机构为主导的模式有所不同，我国基本上不存在专业性的住房金融机构，因此，住房抵押贷款主要由商业银行的部门分支机构来发放。此外，住房金融工具品种非常单一，缺乏金融工具创新。现阶段我国住房金融工具只有三种，即商业住房抵押贷款、公积金贷款及二者的组合贷款，流动性较强的证券化产品的缺乏使得我国贷款利率比较高。因此，我国住房金融体系有待进一步完善。

四　预防性储蓄效应

预防性储蓄一般指的是风险厌恶的消费者为了预防未来出现的不确定性所导致的消费水平下降而进行的储蓄。预防性储蓄假说最初是由里兰德于 1968 年提出的。在里兰德看来，预防性储蓄是由未来不确定的收入所引起的额外储蓄。当效用函数的三阶导数大于零时，确定性情况下消费的边际效用要小于不确定性情况下预期未来消费的边际效用。因此，未来不确定性增加会导致预期未来消费的边际效用发生变化，进而吸引消费者进行更多储蓄，将更多的当前财富转移到未来进行消费。在不确定性情况下，消费者将采取比确定性情况下更为谨慎的行为，储蓄的主要目的是为了避免未来不确定收入所带来的意外冲击。因此，未来收入的不确定性和以效用函数为正的三阶导数的结合减少了当期消费，提高了储蓄，而这一储蓄就是预防性储蓄。本书将要分析的这一主观因素效应，是指住房价格变化对承租者和潜在购房者会产生重要影响，房价上涨一方面会增加承租者的租金，另一方面会提高潜在购房者的首付款支付额度和还贷额度，因此，承租者和潜在购房者会增强预防性储蓄动机，减少当期消费。

我国住房制度改革自 1998 年以来也仅有 13 年时间，最近几年我国居民住房需求被极大程度地释放出来，潜在购房者在消费者总体中占有较大比重。随着房价的逐渐上升，潜在购房者需要支付更高额度的购房款或首付款，这部分群体为了拥有自住房会增加储蓄，在一定程度上抑制居民消费。从长期来看，为了实现居者有其屋，房价的不断攀升会使得居民的预防性储蓄动机更强，消费行为更加谨慎。

五　消费者信心效应

住房价格影响居民消费的消费者信心效应也被称为预期效应。住房是居民资产的重要形式之一，其价格是经济系统的“晴雨表”，房价走势反映了居民对未来价格预期和未来收入预期的变动趋势。住房价格上涨会导致消费者对未来的预期和信心增强，进而增加消费。如繁荣时期房价的上升增强了消费者对未来经济的预期，将来源于住房的收益由暂时性收入转化为持久性收入，从而增加其消费，而萧条时期房间的下跌则会恶化消费者对未来的预期，从而导致其消费减少。

截至1998年年底，我国已经全面停止实物分房。但是，在具体执行住房货币化改革过程中，群众对住房需求满足的程度和住房补贴的发放并不令人满意，住房不公平现象逐步扩大，并随着房价的快速上涨不断恶化。自2003年以来，我国政府在不断推进房改的同时，也加大了对房地产市场的宏观调控力度，如国务院办公厅先后颁发“前国八条”、“后国八条”、“国六条”等一系列文件旨在稳定住房价格。随着房改以来国家针对住房市场不断出台的宏观调控措施和城市房价出现的跌宕起伏，居民的消费者信心和对未来的预期在短期内并不明朗，但从长期来看，随着我国房地产市场发展的逐步完善和国家对房地产市场的逐渐规范，居民的消费者信心和对未来的预期会不断增强。

第二节　研究框架和研究方法

一　研究框架及主要内容

本书共分为八章，构成对我国城市房价上涨影响居民消费作用机制研究的基本框架。

第一章为导言，对本书的研究做基础性工作。首先，介绍了研究背景、意义和目的，然后对相关概念进行了界定，如财富效应、抵押信贷效应和预防性储蓄效应等，最后介绍了本书的研究框架和具体的研究方法。

第二章为房价影响居民消费作用机制的理论分析，主要对国内外含有资产变量的经典消费函数理论及房价影响消费的经典理论进行了回顾与梳理，并对房价影响消费的经典模型如 Ludwing 和 Slok 模型、Campbell 和 Cocco 模型进行相应阐述和分析。

第三章利用全国和代表性城市的统计数据，对我国 1998 年房改后城市住房销售价格和租赁价格的基本情况进行客观描述和具体分析，并在此基础上，以城市面板数据为样本，利用计量经济学方法对现阶段我国城市住房价格上涨的泡沫问题进行实证检验和判断。研究表明，我国各大中城市房租与房价之间不存在长期稳定的均衡关系，城市房价存在一定的泡沫。

第四章对国内外研究较为广泛的房价上涨影响居民消费的财富效应这一作用机制进行了综合评述，并借鉴国内外经典模型对我国城市住房价格上涨影响居民消费的财富效应进行实证检验和分析。在进行实证分析时，首先以全国时间序列数据为样本进行分析，然后以代表性城市的面板数据为样本进行研究，并分别从长期和短期的不同角度以及不同类型的城市进行比较分析。

第五章探讨城市房价上涨影响消费的第二大作用机制：抵押信贷效应。住房是非常优质的金融信贷抵押品，房价上涨提高了住房的抵押价值，它允许有流动性约束的家庭能够筹集到更多资金用于消费。在这一假设前提下，分别以全国时间序列数据和城市面板数据为样本，对这一作用机制从长期和短期两个不同的视角进行实证检验和分析，并将不同类型城市的作用机制进行比较分析。

第六章探讨城市住房价格上涨影响消费的第三大作用机制：主观因素效应。这里的主观因素主要是从消费者信心和预防性储蓄两个视角切入的。对于消费者来讲，住房对于消费者而言，作为其资产的一种重要形式，其价格是经济系统的指示器，住房价格的走势反映了消费者对未来收入预期和价格预期的变动趋势，住房价格的上涨会导致消费者对未来的预期和信心增强，进而增加消费。对于承租者和潜在购房者而言，房价上涨一方面会增加承租者的租金，另一方面会提高潜在购房者的首付款支付额度，因此，承租者和潜在购房者会增强预防性储蓄动机，减少当期消费。在这些假设前提下，本章以时间序列数据为样本对这一作用机制进行实证检验。

第七章在上述分析的基础之上，对国内关于城市房价上涨对居民消费总体影响的不同观点进行综述，并采用时间序列数据对我国城市房价上涨影响居民消费的综合作用机制进行实证研究，并将长期和短期的作用机制进行比较分析，此外，对实证研究所得到的结论进行深入的理论分析。

第八章将对前面章节研究所得到的研究结论进行整体性的系统概括，并在此基础上提出了相应的政策建议，最后提出后期的研究展望。

二 研究方法及特点

本书在对城市住房价格上涨影响居民消费作用机制进行梳理和归纳的基础上，以微观经济学、宏观经济学、金融经济学和发展经济学的基本原理为指导，综合运用多种研究方法，从理论、实证和政策建议三个层面对城市房价上涨影响居民消费的作用机制进行了充分的分析和论证，具体采用了计量经济学分析方法、比较分析方法、演绎与规范相结合、实证分析和规范分析相结合的分析方法。

1. 计量经济学分析方法

本书将综合运用多种计量经济学理论和模型，采用面板计量经济学分析方法，例如面板单位根检验、面板协整分析、面板 FMOLS 等方法和时间序列分析方法，如单位根检验、协整检验、向量自回归模型（VAR）、格兰杰因果关系检验（Granger）、方差分解等方法，运用 Eviews 软件、Winrats 软件和 Stata 软件等对我国城市住房价格上涨影响居民消费的作用机制进行实证分析和检验。

2. 比较分析方法

由于不同历史时期和不同城市，各个地方的住房价格变动情况及其对居民消费的影响程度也不一致，本书采用纵向和横向比较，以便于提高分析结论的可靠性和准确度。具体而言，本书将对国内不同时期住房价格变动情况进行比较、对不同城市房价上涨情况进行比较、对不同类型城市房价上涨影响居民消费的程度进行比较等。

3. 演绎和归纳相结合

二者是理论研究最基本的分析方法。前者以既定的假设或规律为前提，经过一系列严密推断来得出新命题或新规律，后者则是通过对较多现象的分析判断，从中总结出一般性规律和论断。在理论研究分析中，归纳和演绎两种方法一般是相伴而生的，本书在对消费函数理论、房价影响消费理论的回顾与梳理时主要运用了归纳分析方法，而在对我国城市房价上涨对居民消费影响的实证分析中主要运用了演绎分析法。

4. 实证分析与规范分析相结合

经济学研究的科学性往往在于采用自然科学成果使得经济现象和问题计量化，这也是进行价值判断和规范分析的基础。本书以一定的经济学理论为基础，对全国和不同城市的住房价格上涨影响居民消费的作用机制进行实证分析和检验，进而得出规范判断。综观全书，规范分析与实证分析相互结合，既反映了经济学作为社会科学价值判断、研究规范的一面，也充分反映了经济学研究的科学性。在具体实证分析中，主要运用时间序列回归分析和面板数据分析等计量分析方法。

第二章　房价影响居民消费作用机制的理论分析

第一节　消费函数理论回顾

综观西方学者对消费的研究，主要集中在对消费函数的研究及计量检验上。自凯恩斯在《就业、利息和货币通论》中首创消费函数理论以来，消费函数日益成为经济学家们持久关注和研究的热门领域，消费函数理论为分析房价波动影响居民消费的作用机制提供了理论基础。由于本书的目的旨在探讨城市住房价格变动对居民消费的影响，所以只讨论含有资产变量的消费函数。

一　生命周期—永久收入假说（即 LC – PIH 假说）

根据新古典理论的观点，消费是收入和财富的函数。米尔顿·弗里德曼（Milton Friedman）提出持久收入理论，该理论的核心观点是：居民的每一期消费取决于他们的未来预期收入，具体来讲，就是资本收益和劳动收入的贴现值。莫迪利安尼（F. Modigliani）与此同时提出了生命周期假说，该假说的基本观点是：居民会在他们整个生命周期范围内来平滑每一期的消费，具体而言，他们会在生命的早期根据预期的未来收入来借贷消费，在他们中年时期会积累财富和偿还之前的债务，最后在他们退休时会将所有的财富全部消费。若在其生命周期中居民一旦得到额外的财富，他们会把这些额外的财富均匀地分配到余生中去。

（一）弗里德曼的持久收入假说

弗里德曼（1957）的持久收入假说（Permanent Income Hypothesis, PIH）把居民消费与长期的持久性收入二者紧密地联系在一起，该假说的基本观点是，居民某一期的持久性收入与暂时性收入之和等于他们这一期的全部收入，而某一期的持久性消费与暂时性消费之和就等于他们这一期的所有消费。这其中，持久性消费和暂时性消费之间并未存在固定的比率关系，暂时性收入和暂时性消费之间也不一定存在着固定的比率关系，而仅有持久性收入与持久性消费之间才存在着固定的比率关系。该假说认为消费函数基本形式如下：

$$C = cY_p = c\theta Y + c(1-\theta)Y_{-1} \qquad (0<\theta<1) \tag{2-1}$$

其中，c 表示边际消费倾向（MPC）；Y 代表当期收入；Y_{-1} 为上一期收入；Y_P 代表持久收入；θ 为持久收入占当期所有收入的比率，如果收入变化是持久性的，则当收入一旦发生变化，居民如果认为收入的这种变化不是暂时的，而是持久性的，那么此时 θ 值就会越高，反之 θ 值就会越低。而且，θ 值的变化将会直接影响到边际消费倾向的变动。

从长期来讲，房地产市场相对比较成熟的国家房地产收益较为稳定，因此消费者可以将来自房地产的收益如租金、出售收益等都可以看作是持久性收入。按照持久收入假说的基本分析思路，一旦这种收入增长被认为是持久性的，而不是暂时性的，那么它必将会促进长期消费。

（二）莫迪利安尼的生命周期假说

莫迪利安尼（1954，1979）等提出了生命周期假说（Life Cycle Hypothesis，LCH），该假说的基本观点是，由于消费者是理性的，所以他们会在很长的时间范围内来合理规划他们的消费行为，从而使他们在整个生命周期范围内实现最优消费配置。该假说认为消费函数基本形式如下：

$$C = \alpha WR + \beta Yl \qquad (0<\alpha,\ \beta<1) \tag{2-2}$$

$$WR = S_r + S_t + H_0 \tag{2-3}$$

其中，α 为财富的边际消费倾向；β 为收入的边际消费倾向；WR 代表实际财富（也被称为非劳动收入，包括股票、债券、房地产财富等）；S_r 代表储蓄；S_t 表示股票价值；H_0 表示房地产价值。

一般来讲，具有前瞻性的居民会根据他们一生中所有的财富现值来规划他们的即期消费，而储蓄就是为了能够平滑他们的每一期消费。金融市场上住房消费信贷的产生和房地产市场的迅速发展为家庭或居民进行住房消费提供了极为便利的条件，因为住房消费信贷在一定程度上平滑了家庭在其一生中的住房消费，这无疑使他们缩减了为购房所进行的相关储蓄，从而促进了住房消费的增加。可见，住房作为家庭财富的重要组成部分之一，必将对消费产生极其重要的影响。房地产市场的持续繁荣必然会导致房地产市场价值的不断提升，进而促进消费的增长。

（三）生命周期—持久收入假说模型（LC－PIH）

霍尔（Robert E. Hall，1978）和费莱文（Marjorier Flavin，1981）将持久收入假说、生命周期假说和理性预期理论三者有机结合起来，分析了其综合性内涵和机理，并在此基础上形成了 LC－PIH 模型，把生命周期理论对人口统计变量和财富的强调与持久收入理论对未来预期的强调二者相结合，将财富视作决定总消费最重要因素。其简化形式可以表示为：

$$C=\alpha WR+\beta\theta Y_t+\beta(1-\theta)Y_{t-1}\quad(0<\alpha,\ \beta,\ \theta<1) \tag{2-4}$$

其中，WR 为实际财富（或非劳动收入）；Y_t 为当期可支配劳动收入；Y_{t-1}为上一期可支配劳动收入；α 为财富的边际消费倾向；β 为收入的边际消费倾向；θ 为可支配收入中持久性收入的比率。

如果房地产市场呈现繁荣景象，则消费函数将发生如下变化：WR 若增加 ΔH_0，那么 θ 会在原有的基础上相应地增加 $\Delta\theta$，也就是说，边际消费倾向也会随之增大，在这几方面共同作用的条件下，消费支出 C 也将逐渐增大。

$$C=\alpha(WR+\Delta H_0)+\beta(\theta+\Delta\theta)Y_t+\beta[1-(\theta+\Delta\theta)]Y_{t-1}\quad(0<\alpha,\ \beta,\ \theta<1) \tag{2-5}$$

相反，如果房地产市场出现萧条状态，则实际财富 WR 会减小，θ 在原基础上也会下降，最终使得消费支出 C 将逐渐变小。消费函数式可以表示为：

$$C=\alpha(WR-\Delta H_0)+\beta(\theta-\Delta\theta)Y_t+\beta[1-(\theta-\Delta\theta)]Y_{t-1}\quad(0<\alpha,\ \beta,\ \theta<1) \tag{2-6}$$

生命周期—持久收入消费理论强调，当未来不存在不确定性时，居民会在他们整个生命周期范围内来平滑每一期消费，而未来消费则取决于未来预期收入和财产二者的平均值。但在现实经济生活中，未来储蓄与现实消费二者之间始终存在着矛盾。霍尔（Hall，1978）围绕着未来出现的不确定性对消费进行了更为有效的研究。

二　随机游走理论

霍尔（1978）将理性预期纳入到消费行为理论分析之中，并将其与持久收入假说和生命周期假说三者相结合，最终形成了理性预期持久收入假说。霍尔（1978）在研究过程中设定一系列的假定条件：①消费者是同质的；②效用函数是严格凹的，且是二次型的；③信贷市场是完备的；

④利息率和主观偏好率被假设为常数等。在这些假定条件下，霍尔得出了跨期消费的欧拉方程，结论的核心要点是：理性的消费者在追求效用最大化时他的消费轨迹通常遵循一个随机游走过程，换句话说，在预测下期消费时除了当期消费之外，借助其他任何变量通常都是无效的，消费的变动不受收入可预测变动的影响，只会受未预料到的收入变动的影响。住房作为家庭重要资产之一，如果房价发生预料之外的持久性变动，而不是暂时性变动，那么这种变动就会引起消费发生增减，这便是通常所说的房价影响消费的财富效应传导机制。其函数表达式为：

$$C_{t+1}=C_t+\varepsilon_t \tag{2-7}$$

其中，C_{t+1}表示下一期消费；C_t 表示本期消费；ε_t 表示误差项，且该误差项满足：$E_t(\varepsilon_t)=0$，$\mathrm{cov}(\varepsilon_i\varepsilon_j)=0$，$i\neq j$。从式（2-7）可以看出，除了本期消费，任何变量都无助于预测下期消费。

继霍尔的随机游走假说之后，以弗莱文为代表的众多西方学者通过一系列计量分析方法对这一假说进行了实证分析。弗莱文的研究表明，收入和消费二者呈显著的正相关关系，且提出了“过度敏感假说”；约翰逊、戴利、米什金、卡丁等分别对霍尔的随机游走假说进行了检验，其研究结果都对这一结论加以了否认；而此后的迪顿、坎贝尔等从其他角度对该假说进行了论证，并得出“过度平滑性假说”，上述这些研究结论和发现对随机游走假说提出了新的挑战，为了弥补该理论的缺陷与不足，学者们继而又提出了流动性约束假说、预防性储蓄假说等。

三 以预防性储蓄假说和流动性约束假说为代表的消费理论

1968 年里兰德首先提出预防性储蓄假说，该假说的核心观点认为，消费者在其未来收入呈现不确定性情况时，其消费行为将变得比以往更加谨慎，同时会增加储蓄来预防或避免不确定情况产生时所带来的风险。鉴于此，里兰德将消费者为了预防或避免未来收入不确定时所产生的风险而进行的相关储蓄称为预防性储蓄。

继里兰德之后，卡罗尔相继又提出缓冲存储的预防性储蓄理论。其创新之处在于，他将对未来收入不确定性的分析融入生命周期假说的分析框架之中，研究结论表明，当某些消费者的未来收入出现不确定性情况，而这部分消费群体又不愿意为未来消费进行当前储蓄时，那么他们为了应对未来出现的不确定性情况，就必然会进行缓冲存储。而且，如果未来收入的不确定性越大，那么当期或即期消费就会越少，相应的，缓冲储蓄就会越多。

泽尔德斯的研究表明，预防性动机在居民个人收入呈现不确定性情况下会发挥着极为重要的作用，预防性储蓄额与财富数量二者是紧密相连的。

之后的众多西方学者从不同的角度对该理论展开研究和分析，但得出的观点基本上是一致的。简言之，预防性储蓄指的是消费者为了预防或避免未来收入不确定时所带来的风险进而导致消费减少而进行的相关储蓄。预防性储蓄假说的基本观点是：当消费者的支出或收入呈现不确定性情形时，他们会根据当期收入来安排其当期消费，其消费行为不会再遵循随机游走假说。其原因在于，在效用函数的三阶导数大于零的前提条件下，确定性情形时的未来预期消费的边际效用要小于不确定性情形时的边际效用。换句话说，如果未来产生的风险越来越大，那么未来预期消费的边际效用也会越来越大，居民个人所进行的预防性储蓄相应地也会越来越多，因此，当期或即期消费就会越来越少，未来消费则会越来越多。所以，当出现不确定性情形时，随着居民收入的减少，预防性储蓄会增加，当期或即期消费会减少。可见，预防性储蓄理论在一定程度上弥补了随机游走假说的缺陷与不足，丰富和完善了消费函数的理论体系。

迪顿研究表明，预防性储蓄假说无法用来解释美国大量消费者拥有极少量财富这一现象，因此，流动性约束的存在使得学者们的研究焦点逐渐转向对消费“过度敏感性”这一问题的研究。他们认为，流动性约束是指消费信贷市场的不完善导致居民不能从金融机构或非金融机构筹到额外资金来消费所受到的约束，这可能源于人们获得储蓄的利率要远远低于他们借款支付的利率，又或者某些消费群体无论以何种利率都不能筹到更多的资金。因此，居民不能在任何时候都能顺利地筹到额外资金来消费，即存在着流动性约束。

预防性储蓄理论对随机游走假说进行了有效的补充，而流动性约束理论则从另一个角度对随机游走假说的不足与缺陷进行了弥补和完善。消费理论将流动性约束界定为消费者不能有效地利用消费信贷来进行负债消费，而消费者面临最优消费路径则需由如下规划决定：

$$\max \sum_{t=0}^{\infty} \frac{U(C_t)}{(1+\rho)^t} \tag{2-8}$$

$$\text{s.t. } C_t + (A_{t+1} - A_t) = W_t + rA_t \qquad A_t \geqslant 0 \tag{2-9}$$

其中，ρ 表示主观贴现率；A_t 表示第 t 期居民个人财富量；W_t 表示第 t 期居民个人的劳动收入；r 代表利息率。

存在流动性约束的消费者的消费与不存在流动性约束消费者的消费相比，前者相对较低，因为前者的消费行为只能依据当期或即期收入来完成。换句话说，消费对收入存在过度敏感性。此外，即便是居民当期的消费行为不受流动性约束的影响，但如果未来仍然存在着流动性约束，那么同样也会导致当期或即期消费的减少。其中原因在于，如果居民个人下期收入出现减少的状况，若下期不受到流动性约束的影响，那么居民可以通过借贷来平滑其消费；若下期受到流动性约束的影响，除非消费者存在一定的储蓄，否则收入的减少必然会使得消费下降。因此，当存在流动性约束的情形时，个人储蓄被看作是预防或避免未来收入减少的保险。

西方学者提出的流动性约束假说和预防性储蓄理论是当代消费函数理论的新进展。这两种理论的共同点在于，它们都强调风险厌恶的消费者为了预防未来支出或收入变动所导致的不确定性所引起的当期消费支出下降而选择合适的消费行为。因此，实际上这些理论并没有对房地产价格变化影响消费的财富效应传导机制加以否定。

第二节　房价影响消费的理论分析

一　房价影响消费的财富效应研究

（一）国外相关研究

西方学者关于房地产财富效应的众多研究文献和研究成果表明，房地产市场的财富效应显著存在并且随时间呈现逐渐增长的趋势。Case、Quigley 和 Shiller（2001）采用美国 51 个州 1982—1999 年季度数据和 14 个国家 1975—1999 年度数据这两组数据和三个不同的模型[①]分析了住房资产、金融资产和消费支出之间的关系。具体分析中，Case 等通过构造 $V_{it}=R_{it}N_{it}I_{it}V_{i0}$ 这一公式来计算每个州的住房财富。其中，V_{it} 表示 t 时刻第

---

① Case 等建立了三个模型：第一个模型反映消费、收入和两种类型资产之间基本计量关系；第二个模型在考虑到一阶序列相关情况下对模型进行了估计；第三个模型对所有变量一阶差分，进而对其估计。

i 个州家庭拥有住房总价值，R_{it} 表示 t 时刻第 i 个州住房自有率，N_{it} 表示 t 时刻第 i 个州的家庭数量，I_{it} 表示 1990 年第一季度以来的房屋销售加权价格指数，V_{i0} 表示第 i 个州基期（1990 年）的住房均价。研究发现，住房资产对家庭消费具有显著的财富效应。

Benjamin、Chinloy 和 Donald（2004）① 在生命周期假说的框架下，采用美国国民收入与生产核算表（National Income and Product Accounts，NI-PA）与联邦储备资金流量表（Federal Reserve's Flow of Funds，FOF）中 1952—2001 年的季度数据，将家庭转移支付作为个人可支配收入的一部分，同金融资产和住房资产一起纳入模型之中，估算了美国房地产价格变化和金融资产价格变化分别对消费所产生的影响。实证研究结论表明，房地产价格和金融资产价格每增加 1 美元会使得消费分别增加 0.8 美元和 0.2 美元，即金融资产边际消费倾向要远远低于房地产边际消费倾向；研究还表明，房地产市场财富效应的存在使得 2000—2001 年股票市场的下跌对整个宏观经济影响有限。

Ludwig 和 Slok（2004）研究发现，以市场为基础金融体系的国家消费对于股票价格波动的反应高于以银行为基础金融体系的国家。通过将样本周期细分为 1960—1984 年和 1985—2000 年两个子时期，进一步研究发现，消费对于股价变动的反应在两种不同类型的国家都有所增长，住房价

---

① Benjamin 等构造的基本理论模型为：$W_t = b_Y Y_t + b_G G_t + \lambda_S S_t + H_t$。其中，$W_t$ 为总财富，Y_t 代表劳动收入，G_t 代表家庭转移支付，且 $Z_t = Y_t + G_t$，S_t 代表金融资产，H_t 代表住房之类的实物资产，b_Y 和 b_G 分别表示总财富对于劳动收入和转移支付变动的反应系数，λ_S 度量金融资产相对于实物资产的流动性。

上式两边同时除以 Z_t，则得到 $W_t = b_Y + (b_G - b_Y) G_t + \lambda_S S_t + H_t$

如果用 β 表示财富的边际消费倾向，则 $C_t = \beta W_t$，上面式子可以转变为：

$C_t = \beta[b_Y + (b_G - b_Y) G_t + \lambda_S S_t + H_t]$

如果 $b_Y = b_G$，则说明家庭转移支付对消费没有影响；如果 $b_Y > b_G$，则说明家庭转移支付的增加会导致储蓄的增加和消费的减少。系数 λ_S 反映了金融资产和实物资产的边际消费倾向是否相同，若二者相同，则 $\lambda_S = 1$；若 $\lambda_S > 1$，则金融资产的边际消费倾向高于住房之类实物资产的边际消费倾向，反之亦然。

这里的边际消费倾向 β 与经济系统中众多潜在参数相联系，如实际利率 ω，时间偏好率 δ，相对风险规避系数 γ 和规划周期 $\tau - t$ 等。基于此，边际消费倾向表示为：

$$\beta = \frac{1-\theta}{1-\theta^{\tau-t}} \text{ 且 } \theta \equiv \frac{1}{1+\omega}\left[\frac{1+\omega}{1+\delta}\right]^{1/\gamma}$$

边际消费倾向取决于一系列参数，从上述式子可以看出，在实际利率、风险规避系数和规划周期既定的情况下，β 取决于时间偏好率 δ。

格的波动对消费的影响在第二个时期呈现正相关关系。

Campbell 和 Cocco（2004）估算了英国不同地区和不同住房群体的家庭消费对住房价格的反应，研究发现，年长的自有住房者消费的住房价格弹性较大，约为1.7，而对于年轻的租房者而言，则弹性较小，几乎接近于零，这说明这些家庭从住房价格增长中会有收益也会有所损失，这个发现与不同群体财富效应的异质性是一致的，同时也表明，随着人口年龄逐渐变大、逐渐集中为年长的自有住房者群体时，总量消费可能对住房价格的反应更为敏感。

Guiso、Paiella 和 Visco（2004）对意大利房地产市场的财富效应进行了估算，MPC 的估计值为每增加 1 欧元住房资产约增加 0.2 欧元。他们将样本数据划分为租房者和自有住房者，研究发现，房地产资本收益和住房财富的 MPC 分别为每欧元 0.35 欧元和 0.2 欧元。对租房者而言，研究并没有发现房地产资本收益和消费之间存在显著的统计关系，但估算的净财富的 MPC 在每欧元 0.37 欧元和 0.62 欧元之间，所有结果支持财富对消费的直接效应。

Carroll、Otsuka 和 Slacalek（2006）采用一种有别于协整估算的简单更可取的新方法，估算了总量消费财富效应的大小，并对短期和长期财富效应分别进行了分析。研究结果表明，住房财富变动 1 美元会导致当前消费边际倾向变动 0.2 美元，而长期边际消费倾向则会变动 0.9 美元，此外，住房财富效应要远远大于股票财富效应。

Chen（2006）以瑞典 1980—2004 年的季度数据为样本，采用向量误差修正模型（VECM）和 PT 变量分解法进行计量分析，研究发现，可支配收入、总消费、金融财富和住宅财富四者之间存在着较强的统计关系，并且房地产价格的持续上涨对消费存在显著的正效应。

但是，也有一部分学者对房地产财富效应存在着其他不同的观点。Elliott（1980）将财富分为两类，即非金融财富和金融财富，并运用总体数据对财富对消费的影响进行了分析。研究结论表明，房地产并不能形成现实的购买力，房地产等非金融财富对消费不产生任何影响。Engelhardt（1996）利用美国微观家庭数据进行实证检验和分析，研究表明，由于自有住房者对住房价格的持续上涨存在疑虑或其住房资产收益变现存在一定的障碍，自有住房者可能不存在较强的动机去将住房资产收益变现。因此，这部分群体对住房资产收益并没有反应，但是住房资产的损失却对消费产生了一定的影响。Levin（1998）以退休历史调查数据（RHS）为样本进行了实证分析，发现住房资产价格的波动对消费没有任何影响。Tracy（1999）等研究发现，虽然住房价格变动带来的财富变化要大于股票价格变动带来的变化，但住房资产财富效应可能会小于金融资产的财富效应，而对于那些长期居住的消费者而言，住房价格上涨带来的正的财富效应会被使用住房的成本所抵消。Poterba（2000）认为由于自己居住而不能买卖交易的房地产具有较低的边际消费倾向，因此自住性的住房往往被看作一种长期资产，人们更希望把这种资产遗传给后代子孙，而不是增加消费。

以上众多研究更多地倾向于以不同国家的宏观统计数据为样本，采用时间序列计量方法来进行实证分析，另一类研究则以家庭微观调查数据为样本，利用回归方法进行实证分析。与前者相比，后者的优点在于信息量更为丰富，能够有效地揭示房地产财富效应的微观差异，并对个体行为进行有效的检验。然而，采用微观数据进行研究的消费者行为具有很大程度的主观性，其估算结果具有较高的样本方差，因此会影响实证分析结论的准确性。

（二）国内相关研究

我国的房地产市场与发达国家相比起步较晚，还不是很成熟，住房价格波动影响居民消费的财富效应是否存在或大小如何仍需实证检验和分析。从最近几年国内众多学者的研究文献来看，得出的研究结论颇具争议性，认为我国房地产财富效应显著为正、显著为负、效应微弱乃至不存在的观点都有。

刘建江（2005）采用消费函数分析了房地产财富效应的作用机制，研究发现，房价上涨有利于促进消费，但要警惕房地产泡沫的膨胀。黄平（2006）采用2000—2005年全国季度数据，运用时间序列单位根检验和协整检验方法进行实证分析，研究发现，我国房地产市场存在较为微弱的财富效应。骆祚炎（2007）采用1985—2005年的年度数据和线性回归方法进行研究，并得出我国金融资产财富效应和房地产资产财富效应二者均比较微弱的结论。魏锋（2007）和丁攀（2008）二者分别以2002—2005年的月度数据和1998—2006年的季度数据为样本，采用单位根检验、协整检验和误差修正模型进行实证检验和分析，研究发现，我国房地产市场财富效应显著为正。骆祚炎（2008）以1985—2006年的年度数据为样本，采用向量自回归模型进行分析，研究发现，居民住房资产和金融资产的财富效应均存在，住房资产的财富效应要小于金融资产的财富效应。然而，刘旦和姚玲珍（2008）研究发现，1979—1999年我国城镇住宅资产消费影响的财富效应不显著；2000—2006年住宅资产影响消费的财富效应整体为负，换言之，房价上涨抑制了居民消费。赖溟溟和白钦先（2008）以1998—2007年数据为样本，运用协整检验和误差修正模型进行实证分析，结果发现我国股票市场的财富效应不存在，房地产市场的财富效应却存在，长期内房地产市场发展与消费具有协同趋势，而短期内房地产市场发展会抑制居民消费。况伟大（2011）通过对房东和租客分别建立两期房价与消费关系模型，研究发现，房价对住房消费影响为负。李春风、陈乐一和刘建江（2013）通过构建综合考虑多个因素的条件下能够检验房价波动对居民消费影响的动态面板模型，运用动态系统广义矩阵方法分析发现，房价波动对居住消费的影响为负。周豫和盛翔（2013）以我国2005—2010年的月度数据为样本，研究发现商品住宅实际价格对城镇居民消费倾向存在抑制作用，房价的“挤出效应”占据主导地位，而“财富效应”没有显现。李涛和陈斌开（2014）以翔实的微观家户数据为样本进行分析，研究发现，家庭住房资产主要呈现出消费品属性，只存在微弱的“资产效应”，且不存在“财富效应”。因此，住房价格上涨无助于提高我国居民消费。廖海勇和陈璋（2015）用固定效应变系数模型测算了中国30个省市房地产财富效应，同时对各地区房地产消费属性进行定量测算，研究发现，东部地区省市的房地产财富效应较强，中西部地区省市的房地产财富效应较弱，各省市房地产财富效应的大小与消费属性强弱成正比。王春梅（2015）在分析中国房地产的结构性变动和区域差异的基础之上，系统分析了中国房地产的财富效应。研究发现，我国一线城市房地产的财富效应显著为负，且呈现倒U形变动的趋势，三线城市房地产的财富效应显著为正，但是数值较小，而二线城市房地产的财富效应并不显著，且有重蹈一线城市覆辙的可能性，正是由于这种显著的区域差异，导致我国总体的房地产财富效应显著为负。

国内学者研究得出的结论颇具有争议性，认为我国房地产市场财富效应显著为正、显著为负、效应微弱甚至不存在的观点都有。这些研究大都倾向于以全国总体宏观数据为样本，采用时间序列的计量分析方法进行实证检验，在研究方法、数据使用和指标选择等方面不存在较大差异的情况下，最终研究得出的结论却差异较大。仔细分析其中原因，样本容量的有限性可能会导致采用大致相同的计量方法但得出的研究结论存在一定的偏差。我国从1998年开始编制房屋销售指数与房屋租金指数，截至目前，季度样本数据容量也仅仅只有40来个，因此，在具体分析时采用时间序列单位根和协整检验会使得研究结论出现一定的偏差。

二 房价影响消费的其他作用机制研究

（一）国外相关研究

传统的生命周期—持久收入模型假定家庭不存在流动性约束，但现实生活是违背这一假定的。因此，住房价格上升可以通过放松流动性约束而对消费产生影响。因为房屋是家庭的抵押品，而且是非常优质的抵押品，房价上升会使得住房抵押价值有所提高，可以让具有流动性约束的家庭能够筹集到额外资金来进行消费。在此情况下，不是由于财富效应的存在使得住房价格上涨导致消费增长，而是因为房价上涨能够使具有流动性约束的消费者在其整个生命周期内平滑一生的消费。

Iacoviello 和 College（2004）将流动性约束作为解释变量纳入模型之中，并构造了一个存在流动性约束和非流动性约束两个消费群体的动态一般均衡模型，在此基础上推导出总量消费的欧拉方程，并估算出其结构参数。研究表明，消费的欧拉方程为住房价格的抵押信贷效应提供了强有力的依据和支撑，而这种效应源于两个方面的综合作用：一是欧拉方程中不可忽视的占总消费20%—25%比例的存在流动性约束的消费者，二是通过借贷所产生的效应动态消费对抵押信贷具有较强的反应。Lustig 和 Van Nieuwerburg（2005）采用美国23个城市1952—2002年收入和消费的宏观数据进行实证分析，研究表明，对于住房抵押不发达的城市和时期来讲，消费对收入则更加敏感，这一结果与住房财富是重要抵押品和消费者受金融约束等假设是一致的，证实了房价通过资产负债表效应对居民消费的影响。Benito 和 Mumtaz（2006）以1992—2002年英国家庭定组调查数据为样本考察了英国家庭的消费行为，研究结果表明，由于预防性储蓄或流动性约束的存在，20%—40%的英国家庭的消费行为呈现出过度敏感性，而住房则可以平滑这些家庭的各期消费，所以房价上涨在一定程度上减少了这些家庭的流动性约束，从而增加了他们的消费。Iacoviello 和 Minetti（2008）以欧洲一些国家的数据为样本进行分析，发现家庭总借贷成本的变化受到总资产负债表变动的影响，房价上涨无疑会增加房屋所有者所拥有的抵押价值，而这也必然会促使这些房屋所有者以资产增值抵押借款的形式借得更多，以此为其合意消费进行融资。Miller 等（2009）以美国 379 个大都市 1980—2008 年的季度数据为样本进行实证分析，研究发现房价波动的抵押信贷效应是远远大于财富效应的，相比财富效应而言，抵押效应对于那些受金融约束家庭的影响则更强。Marcel 和 Peng（2009）以美国 1978—2008 年的季度数据为样本，研究了商业抵押资产供给和商业房地产资产增值二者之间的正向反馈机制，研究表明，房地产投资绩效对抵押资金流存在正面影响，而抵押资金流对当季房地产价值也会产生影响，这种正反馈机制可以被看作房地产周期产生的重要动力。

还有一部分学者对财富效应和抵押效应的解释并不认同，如 Attanasio 等（2005）、Aron 和 Muellbauer（2006），这些学者认为，抵押效应虽然可能会使得房价对消费有所影响，但这种影响力极为有限。在信贷环境相对宽松的国家里，抵押效应可能会起到一定的作用。但当前很多国家的信贷环境并不宽松，这对抵押效应的发挥产生了很大的抑制力。所以，尽管消费变化和房价涨跌二者具有高度的相关性，但通过财富效应和抵押效应这两种渠道房价对消费的影响力并不是很大；相反，一些共同因素的存在对二者的影响才更为显著。如果忽略了这些共同因素，则会使得估算结果出现较大的偏差。

在这些学者看来，若房价被看作内生变量的话，则其他因素如利率、预期、信贷供给条件等都可能会对消费和房价产生影响。若对于这种共同因素的存在不加以考虑，模型估计显然会存在遗漏变量的问题，那么最终就会使得住房财富边际消费倾向被高估。因此，房价和消费虽然表现出高度的相关性，但通过抵押效应和财富效应这两种渠道房价对消费的影响并不大。

King（1990）对 20 世纪 80 年代后期英国房价与消费的关系展开了研究，研究发现，人们不断修正的未来收入预期都会导致居民住房需求和居民个人消费同时增加，当住房供给量在短期内保持不变时，房价就会上扬，最后则是房价和消费同时增加。Pagano（1990）研究表明，较低的利率能够同时提高房价和增加居民消费，与按揭贷款配给相比，低利率的作用更为有效和直接。Aoki（2002）的研究结果表明，在货币政策传导机制过程中利率变动起着决定性作用，而房地产价格仅仅是该过程中的一个角色。Attanasio 和 Weber（1994）在对共同因素论证时采用了微观家庭数据。在生命周期假说框架下，Attanasio 和 Weber 使用了英国微观家庭数据估算出了不同年龄组的预期消费值，然后将预期消费值与实际消费值二者进行比较分析，研究得出结论，老年组的两个数值比较接近，而年轻组则明显不同，实际消费值比预期值要高出很多。虽然该结论与财富效应推论背道而驰，但仍可以采用生产率假说来加以解释，即生产率的提高会使得年轻群体收获最多，这是源于这部分群体预期未来持久收入会呈现出更为显著的增长态势。Attanasio 等（2005）在上述研究的基础上将抵押效应和财富效应同时纳入模型，并采用新的统计数据进行分析和检验，研究结果对财富效应和抵押效应的作用予以了否认，但证实并肯定了共同因素的作用。Lee（2007）运用消费者支出概览（CES）和 PSID 的微观数据证明了共同因素在解释房地产价格和消费之间相关关系上的重要程度。研究发现，在控制了失业率和家庭人均收入后，自有住房家庭的消费对房价变动的弹性会明显减小；租房家庭的消费对于房价变化的反应并没有表现出与自有住房家庭反应的明显不同；消费对于房价指数的弹性具有经济上和统计上的显著性。Aron 和 Muellbauer（2006）在控制了收入预期、信贷条件、经济不确定性等变量的情况下，对英国住房和消费关系进行了分析。研究表明，如果将信贷供给条件这一控制变量纳入模型，财富效应就会减少一半，虽然它们的相关系数并未发生任何变化。由此可见，信贷供给条件的变化在房价影响消费的作用机制中发挥着极为重要的作用。Calza、Monacelli 和 Stracca（2006）研究了 OECD 国家按揭制度对于消费和房价之间关系的影响。研究结果表明，不同国家之间的按揭市场的差异性很大，而这种差异对于房价和消费二者之间的关系影响较大。

（二）国内相关研究

国内学者对房价影响消费的其他作用机制的研究较为鲜见，大多数学者更多倾向于定性分析，定量分析欠缺。宋勃（2007）和王子龙等（2008）在分析房地产市场财富效应传导机制时，将抵押信贷效应纳入到“兑现的财富效应”中，仅作定性分析，并未从财富效应中分离出来进行详细的实证分析。邓健、张玉新（2011）在生命周期—永久收入的消费分析框架中引入信贷传导机制，证明了信贷市场的发展可以通过放松流动性约束和促进跨期消费替代效应来缓解房价波动对消费的影响，在此基础上，提出抑制高房价不能以挤出消费为代价，而应发展资产价格渠道和促进信贷可得性。李剑和臧旭恒（2015）利用 2004—2011 年中国的省际面板数据从强度和时间特征两个维度就房价波动对我国城镇居民消费行为的影响效果进行了实证检验。研究表明，虽然从总量上看房价上升对居民消费表现为财富效应，但在这背后存在着显著的结构性差异。从对不同收入阶层的影响来看，房价上升主要是通过预防性储蓄渠道和流动性约束渠道促进了中等、中等偏上收入阶层短期消费的增加，而对高收入阶层的消费并没有表现出明显的财富效应，并且过高的房价还对低收入阶层的消费产生了持续的挤出效应。

三　房价影响消费的经典模型

（一）Ludwing 和 Slok 模型

Alexander Ludwig 和 Torsten Slok（2004）通过采用面板误差修正模型，分析了世界经济合作与发展组织 16 个国家股票价格、住房价格与消费之间的关系。研究发现，以市场为基础金融体系的国家消费对于股票价格波动的反应高于以银行为基础金融体系的国家。通过将样本周期细分为 1960—1984 年和 1985—2000 年两个子时期，进一步研究发现，消费对于股价变动的反应在两种不同类型的国家都有所增长，住房价格的波动对消费的影响在第二个时期呈现正相关关系。基本理论模型如下：

$$c_{t,i}=\alpha_{0i}+\alpha_{1i}y_{t,i}^{d}+\alpha_{2i}w_{t,i}^{sw}+\alpha_{3i}w_{t,i}^{hw}+\varepsilon_{t,i}$$

$$i=1,\ 2,\ \cdots,\ N;\ t=1,\ 2,\ \cdots,\ T_i \qquad (2-10)$$

其中，$c_{t,i}$表示人均消费的对数；$y_{t,i}^{d}$表示人均可支配收入的对数形式；$w_{t,i}^{sw}$和 $w_{t,i}^{hw}$分别表示股票市场财富对数形式和人均住房财富的对数形式；i 和 t 分别表示不同国家和不同时期；ε_t 是误差扰动项，反映未预料到的冲击对消费支出的影响。

短期内，由于可调成本、习惯变化、流动性约束等变量的第一个滞后期是短期关系的重要决定因素，于是，上式的 ARDL（1，1，1，1）模型为：

$$c_{t,i}=\delta_i+\beta_{10i}y_{t,i}^{d}+\beta_{11i}y_{t-1,i}^{d}+\beta_{20i}w_{t,i}^{sw}+\beta_{21i}w_{t-1,i}^{sw}+\beta_{30i}w_{t,i}^{hw}+\beta_{31i}w_{t-1,i}^{hw}+\gamma_i c_{t-1,i}+\eta_{t,i} \qquad (2-11)$$

其中，误差项 $\eta_{t,i}$被假定在 t 时刻 i 个国家是独立分布的，但不同国家的方差则是不同的。横截面的误差项独立性假设是有限的，因为很难假定影响所有国家的冲击是同时进行的。上述方程可以转变为如下误差修正模型：

$$\Delta c_{t,i}=\phi_i(c_{t-i,i}-\alpha_{0i}-\alpha_{1i}y_{t,i}^{d}-\alpha_{2i}w_{t,i}^{sw}-\alpha_{3i}w_{t,i}^{hw})+\beta_{11i}\Delta y_{t,i}^{d}+\beta_{21i}\Delta w_{t,i}^{sw}$$

$$+\beta_{31i}\Delta w_{t,i}^{hw}+\eta_{t,i} \tag{2-12}$$

其中，Δ 代表一阶差分因子，且

$$\phi_i=-(1-\gamma_i),\ \alpha_{0i}=\frac{\delta_i}{1-\gamma_i},\ \alpha_{1i}=\frac{\beta_{10i}+\beta_{11i}}{1-\gamma_i},\ \alpha_{2i}=\frac{\beta_{20i}+\beta_{21i}}{1-\gamma_i},$$

$$\alpha_{3i}=\frac{\beta_{30i}+\beta_{31i}}{1-\gamma_i}$$

Ludwig 和 Slok 以上述模型为基准模型，建立了 3 个模型：第一个模型中不含有共同变量；第二个模型中含有共同变量，将人均 GDP 的对数形式作为共同变量引入模型；第三个模型中仍然含有共同变量，但用股票市场资本化收益来代替股票价格指数，并作为股票市场财富的衡量指标。

Ludwig 和 Slok 的研究在使用数据上存在局限性，股票市场价格指数和住房市场价格指数被用作两种财富变量的衡量指标，没有采用真实的财富指标。由于价格指数替代了实际的财富数据等原因，造成分析结论中的标准误差偏低。

（二）Campbell 和 Cocco 模型

John Y. Campbell 和 Joao F. Cocco（2004）以英国 1750 个家庭 1988—2000 年的季度数据为样本，估算了不同地区和不同住房群体的家庭消费对住房价格的反应。研究发现，年长一些的住房所有者消费的住房价格弹性较大，约为 1.7，而对于年轻的租房者而言，则弹性较小，几乎接近于零，这说明这些家庭从住房价格增长中会有收益也会有所损失，这个发现与不同群体财富效应的异质性是一致的，同时也表明，随着人口年龄逐渐变大、逐渐集中为年长的住房所有者群体时，总量消费可能对住房价格的反应更为敏感。研究还发现，地区住房价格影响地区消费增长，因此在估算住房价格对消费的效应时，必须考虑到地区差异性。此外，可预知的住房价格变化与可预知的消费变化是相关的，尤其是对于那些很有可能面临借贷约束的家庭，但是这种效应仅仅体现在国家住房价格上，而不是地区住房价格上，这表明英国住房价格与金融市场的整体情况是紧密相关的。基本理论模型如下：

$$\Delta c_{i,t+1}=\beta_0+\beta_1 r_{t+1}+\beta_2\Delta y_{i,t+1}+\beta_3\Delta p_{i,t+1}+\beta_4\Delta m_{i,t+1}+\beta_5 Z_{i,t+1}+\varepsilon_{i,t+1} \tag{2-13}$$

其中，i 代表第 i 个家庭；r_{t+1} 代表从 t 期到 $t+1$ 期的真实利率的对数，$\Delta c_{i,t+1}=\ln(C_{i,t+1})-\ln(C_{i,t})$ 代表非耐用消费品的实际增长，$\Delta y_{i,t+1}=$

$\ln(Y_{i,t+1})-\ln(Y_{i,t})$代表实际收入增长，$\Delta p_{i,t+1}=\ln(P_{i,t+1})-\ln(P_{i,t})$代表实际住房价格的增长，$\Delta m_{i,t+1}=\ln(M_{i,t+1})-\ln(M_{i,t})$代表抵押贷款支付的实际增长，$Z_{i,t+1}$是包含了人口统计变量的家庭特征向量。

通过上述模型，作者估计了不同地区和不同住房群体的住房价格对消费的效应，但并没有区分借贷约束和财富效应。为了加以区分，将住房价格变化分为可预知和不可预知两种特性。如果家庭是前瞻性的，则当住房价格变化被预知后，住房价格变化的财富效应将会发生，而不是当实际变化发生时才产生财富效应。另外，被预知的住房价格的变化也会放松借贷约束甚至对消费不产生财富效应。接下来，Campbell 和 Cocco 对流动性约束和财富效应分开来进行分析：

1. 流动性约束

这里所采用的估计方程是常用来分析过度敏感性使用的方程，不同的是，本书将地区住房价格增长作为解释变量引入方程，同时将滞后变量作为工具变量，用来估计以下模型：

$$\Delta c_{i,t+1}=\beta_0+\beta_1 E_t r_{t+1}+\beta_2 E_t \Delta y_{i,t+1}+\beta_3 E_t \Delta p_{i,t+1}+\beta_4 E_t Z_{i,t+1}+\varepsilon_{i,t+1} \tag{2-14}$$

方程用来分析消费是否对收入和住房价格的可预知变化有所反应。如果永久收入假说成立，则β_2和β_3均为0，如果家庭存在借贷约束、住房价格的可预知上升增加他们的借贷能力，则可估系数β_3为正。

2. 财富效应

如果消费者是前瞻性且不受约束的，则他们的消费将会对住房价格不可预知的变化发生反应。为了分析这种效应，必须识别不可预计的住房价格变化。这里首先估算$E_t\Delta p_{i,t+1}$，然后得到住房价格的波动值$\Delta p_{i,t+1}-E_t\Delta p_{i,t+1}$。在住房价格预期变化的估算中，采用之前使用的相同的工具变量作为解释变量。采用同样的方法来估算收入和消费不可预计的变化值，即$\Delta y_{i,t+1}-E_t\Delta y_{i,t+1}$，$\Delta c_{i,t+1}-E_t\Delta c_{i,t+1}$。在此基础上，通过估算下列回归方程来检验是否消费不可预计的变化会对住房价格不可预计的变化产生反应：

$$\Delta c_{i,t+1}-E_t\Delta c_{i,t+1}=\alpha_0+\alpha_1(\Delta r_{i,t+1}-E_t\Delta r_{i,t+1})+\alpha_2(\Delta y_{i,t+1}-E_t\Delta y_{i,t+1})+\alpha_3(\Delta p_{i,t+1}-E_t\Delta p_{i,t+1})+\eta_{i,t+1} \tag{2-15}$$

这里，$\eta_{i,t+1}$表示残差。上述方程中可估系数α_3用来检验住房价格波动是否对消费具有财富效应。该系数对于长期住房者来讲是正的，对于短期住房者而言是负的，对于既非短期也非长期住房者来讲则为零。在具体分析中，将采用年龄和住房类别等特征来识别这些家庭。

（三）Iacoviello 和 College 模型

Matteo Iacoviello 和 Boston College（2004）将流动性约束作为解释变量引入模型，构建了一个含有流动性约束和非流动性约束两个消费群体的动态一般均衡模型，在此基础上推导出总量消费的欧拉方程，并估算出其结构参数。研究表明，消费的欧拉方程为住房价格的抵押信贷效应提供了强有力的依据和支撑，而这种效应源于两个方面的综合作用：一是欧拉方程中不可忽视的流动性约束的消费者比例（占总消费的20%—25%）；二是通过借贷所产生的动态消费对抵押信贷具有较强的反应。

在具体分析过程中，Iacoviello 和 College 分别建立关于消费、房价和流动性约束的模型和总量消费的欧拉方程来进行详细分析，在建立第一个模型时，作者又针对非流动性约束家庭和存在流动性约束家庭的不同特征建立了不同的模型来进行分析。

1. 关于消费、房价、流动性约束的一个模型

将流动性约束与非流动性约束两个群体的比例设为（$1-\zeta$）和 ζ，在此基础上给出以下假设：

其一，非流动性约束家庭相比其他家庭具有较低的贴现率。

其二，两个群体每期都会产生外生的易变资源 Y_t，消费者对消费 C 和住房 H 存在偏好。

其三，住房总量被视为不变，即住房供给量不变，但两个群体的住房需求和住房分配均会影响住房价格。

其四，所有个人都可以对住房、消费品和无风险债券进行交易。

在上述假设基础上，将分别对两个不同群体展开分析：

（1）非流动性约束家庭模型

首先，构建非流动性约束家庭生命周期内效用最大化函数和预算约束方程：

$$\max E_0 \sum_{t=0}^{\infty} \beta^t \left(\frac{(C_t^u)^{1-\frac{1}{\sigma}}}{1-\frac{1}{\sigma}} + j^u u(H_t^u) \right) \quad (t \geqslant 0) \tag{2-16}$$

$$C_t^u + Q_t(H_t^u - H_{t-1}^u) + R_{t-1} B_{t-1}^u = B_t^u + Y_t^u \tag{2-17}$$

其中，E_0 代表 0 时刻的数学期望；β 为折现因子；σ 为跨期替代弹

性；j^u 为效用函数中住房服务的相对权重；C_t^u 和 H_t^u 分别代表非流动性约束家庭的消费量和住房数量（预期价格为 Q_t）；Y_t^u 表示随机资源产出；B_t^u 为实际借贷量；R_{t-1}代表 $t-1$ 时刻到 t 时刻还贷的实际利率，即短期利率。

其次，对上述函数求最优解，则可以推导出非约束家庭消费和住房的欧拉方程式：

$$(C_t^u)^{-1/\sigma}=\beta R_t E_t((C_{t+1}^u)^{-1/\sigma}) \tag{2-18}$$

$$Q_t(C_t^u)^{-1/\sigma}=j^u u(H_t^u)+E_t(\beta Q_{t+1}(C_{t+1}^u)^{-1/\sigma}) \tag{2-19}$$

（2）流动性约束家庭模型

假定流动性约束家庭可借贷数量不能超过下一期住房收益预期价值折现值，用 m 表示借贷比例，B_t^c 表示流动性约束家庭的负债额，H_t^c 表示流动性约束家庭的住房数量，则有

$$B_t^c \leqslant mE_t(Q_{t+1})H_t^c/R_t \tag{2-20}$$

家庭效用最大化函数为：

$$\max \ln C_t^u + j^c u(H_t^c) \tag{2-21}$$

预算约束方程为：

$$C_t^c+Q_t(H_t^c-H_{t-1}^c)+R_{t-1}B_{t-1}^c=Y_t^c+B_t^c \tag{2-22}$$

这里，用 Φ_t 来表示借贷约束的影子价格（即借贷约束的拉格朗日乘数），则对上述函数求最优解的欧拉方程为：

$$1/C_t^u=\Phi_t R_t \tag{2-23}$$

$$Q_t/C_t^c=j^c u(H_t^c)+E_t(\Phi_t m Q_{t+1}) \tag{2-24}$$

2. 总量消费的欧拉方程

在上述对两个不同消费群体进行分析的基础上，来构建总量消费的欧拉方程。这里假定 λ 和（$1-\lambda$）分别表示两个群体的消费份额，c_t^c 和 c_t^u 分别为流动性约束和非流动性约束消费群体的消费量，则总量消费为：

$$c_t=\lambda c_t^c+(1-\lambda)c_t^u \tag{2-25}$$

对于非流动性约束消费家庭来讲，线性欧拉方程是标准化的且已通过检验（参见霍尔，1978）的方程式，若忽略二次项，则消费与短期利率呈负相关关系，即

$$c_t^u=E_t c_{t+1}^u-\sigma r_t \tag{2-26}$$

对于流动性约束消费家庭来说，欧拉方程中消费与短期利率和借贷约束的拉格朗日乘数呈负相关关系，通过对式（2-23）两边取对数并求

导，可以得到：

$$c_t^c = -\phi_t - r_t \tag{2-27}$$

流动性约束家庭资产需求的线性化方程为：

$$q_t = m\beta E_t q_{t+1} - \theta(1-m\beta)h_t + m\beta\phi_t + c_t^c \tag{2-28}$$

其中，θ 表示借贷者长期住房需求弹性的倒数。$\theta = -H^c u''(H^c)/u'(H^c)$，该式是通过先求解式（2-23）中拉格朗日乘数值，然后代入式（2-24）并对非随机稳态进行线性化处理而求得。

结合式（2-27）、式（2-28），可以得到：

$$c_t^c = (1+\omega)q_t - \omega E_t q_{t+1} + \omega r_t + \theta h_t \tag{2-29}$$

这里，$1+\omega = \frac{1}{1-m\beta}$，表示家庭购买单位住房需要支付最低首付比例的倒数。

结合式（2-25）、式（2-26）和式（2-29），可以得到：

$$c_t = (1-\lambda)E_t c_{t+1}^u - (\sigma(1-\lambda) - \omega\lambda)r_t + \lambda((1+\omega)q_t - \omega E_t q_{t+1} + \theta h_t) \tag{2-30}$$

根据式（2-26），可以解出 $E_t c_{t+1}^u$，用 l_t 表示长期利率，则：

$$E_t c_{t+1}^u = -\sigma E_t \sum_{i=0}^{\infty} r_{t+1+i} = -\sigma l_t \tag{2-31}$$

因此，在上述分析的基础上，可以得到总量消费的欧拉方程：

$$c_t = -\phi_1 l_t + \phi_2 q_t - \phi_3 E_t q_{t+1} + \phi_4 r_t + \phi_5 h_t \tag{2-32}$$

其中，$\phi_1 = \sigma(1-\lambda)$，$\phi_2 = (1+\omega)\lambda$，$\phi_3 = \omega\lambda$，$\phi_4 = \omega\lambda - \sigma(1-\lambda)$，$\phi_5 = \theta\lambda$。

根据模型的结构化参数，式（2-32）也可以改写成：

$$c_t = -\sigma(1-\lambda)(r_t + l_t) + \omega\lambda(q_t + r_t - E_t q_{t+1}) + \lambda q_t + \theta\lambda h_t \tag{2-33}$$

根据式（2-33），模型能够估算出四个结构性参数 λ，σ，ω，θ 的系数。

（四）Carroll、Otsuka 和 Slacalek 模型

Christopher D. Carroll、Misuzu Otsuka 和 Jirka Slacalek（2006）认为由于当前没有任何理论和证据来证明稳定协整向量的存在性，因此目前盛行的财富效应协整估算方法有所欠缺，鉴于此，作者采用一种简单的更可取的新方法，以美国 1960—2004 年的季度数据为样本，估算了总量消费财富效应的大小，并对短期和长期财富效应分别进行了分析。研究结果表明，住房财富变动 1 美元会导致当前消费边际倾向变动 0.2 美元，而长期

边际消费倾向则会变动0.9美元，此外，住房财富效应要远远大于股票财富效应。基本理论模型如下：

首先，建立一个标准Muellbauer（1988）模型：

$$u(C_t,\ C_{t-1})=\frac{(C_t-\chi C_{t-1})^{1-\rho}}{1-\rho}\tag{2-34}$$

其中，χ是反映习惯因素的参数，表明$t-1$时刻的大量消费会增加居民储蓄习惯，进而会降低当期效用。

Dynan（2000）对推导出Muellbauer模型中的欧拉方程加以了估算：

$$\Delta\log C_{t+1}=\zeta+\chi\Delta\log C_t+\varepsilon_{t+1}\tag{2-35}$$

习惯的重要性可以通过消费增长的序列相关参数来加以估算，随机扰动项ε_{t+1}反映了影响消费波动的其他效应，其中也包含了一部分财富波动所导致的效应。

为了更好地采用二阶段最小二乘法估算财富的边际消费倾向；这里界定：

$$\partial C_t=(C_t-C_{t-1})/C_{t-5}$$

$$\partial W_{t-1}=(W_{t-1}-W_{t-2})/C_{t-5}\tag{2-36}$$

因此，如果将财富分为股票财富和非股票财富两种形式，则上式一阶回归形式为：

$$\partial C_t=\alpha_0+\alpha_1\partial W_{t-1}^{S}+\alpha_2\partial W_{t-1}^{N}\tag{2-37}$$

上式工具变量估算方程为：

$$\partial C_{t+1}=\gamma+\chi\partial C_t+\xi_{t+1}\tag{2-38}$$

在给定最初财富边际消费倾向u和序列相关系数χ情况下，最终消费的财富效应（长期边际消费倾向）则可以表示为：

$$MPC^{LR}=\frac{\mu}{1-\chi}\tag{2-39}$$

这里的长期边际消费倾向反映了在相对较短的时间跨度内消费的中长期动态变化，不同于以往的协整分析，协整方法反映的是1960—2004年45年间的平均特征。如果边际消费倾向为α，则$\alpha=\chi\mu$，上式可以表示为：

$$MPC^{LR}=\frac{\alpha}{\chi(1-\chi)}\tag{2-40}$$

在建立完理论模型的基础上，引入失业率预期和联邦名义基金利率两个外生变量，估算出式（2-37）中参数α_1和α_2的值，然后再通过IV法估算出式（2－38）中参数χ，最后代入式（2－40），估算出长期边际消费倾向，同时可以对两种财富形式进行比较。

第三节 国内外研究综述总结

本章对含有资产价格的消费理论和房价影响消费的经典理论进行了清晰的梳理和阐述。Friedman 提出持久性收入假说，认为居民当期或即期消费取决于预期未来收入，即资本收益和劳动收入的贴现值，这一理论提供了分析住房价格变化影响居民消费的财富效应转化渠道思路。Modigliani 的生命周期假说认为居民会在他们整个生命周期范围内来平滑每一期的消费，具体而言，他们会在生命的早期根据预期的未来收入来借贷消费，在他们中年时期会积累财富和偿还之前的债务，最后在他们退休时会将所有的财富全部消费。若在其生命周期中居民一旦得到额外的财富，他们会把这些额外的财富均匀地分配到余生中去。LC－PIH 模型较全面地反映出房地产价格变动影响消费财富效应的作用机制。霍尔（1978）将理性预期这一方法应用于消费行为理论分析中，将生命周期假说、持久收入假说和理性预期理论三者相结合，最终形成了理性预期持久收入假说。并认为，理性消费者在追求效用最大化时其消费轨迹通常遵循一个随机游走过程。换言之，除了本期消费之外，很难借助其他任何变量来预测下期消费，消费的变动不受收入可预测变动的影响，只会受未预料到的收入变动的影响。住房作为家庭的重要资产之一，房价如果发生预料外的持久性变化，那么这种变化会引起消费产生增减，这就是通常所说的房价影响消费的财富效应传导机制。继霍尔的随机游走假说之后，以弗莱文为代表的众多西方学者通过一系列计量分析方法对这一假说进行了实证分析。弗莱文的研究表明，收入和消费二者呈显著的正相关关系，且提出了“过度敏感假说”；约翰逊、戴利、米什金、卡丁等分别对霍尔的随机游走假说展开了分析和检验，他们的研究结果都对这一结论加以了否认；而此后的迪顿、坎贝尔等从其他角度对该假说进行了论证，并得出“过度平滑性假说”，上述这些研究结论和发现对随机游走假说提出了新的挑战，为了弥补该理论的缺陷与不足，学者们继而又提出了流动性约束假说、预防性储蓄假说等。流动性约束假说和预防性储蓄理论是现代消费函数理论的新进展。二者共同点在于，都强调风险厌恶者为了预防未来收入或支出波动所导致的不确定性所引起的当期消费支出下降而选择合适的消费行为。因此，实际上这些理论并未对房地产价格变化影响消费财富效应传导机制加以否定。

之后的很多学者围绕房价—消费问题展开了深入的研究和探讨，且主要集中在对财富效应的分析上。Case、Benjamin、Campbell 等研究发现，住房资产对家庭消费具有显著的正的财富效应。但是，仍然有部分学者对房地产财富效应的存在性存有完全不同的观点。在 Elliott 看来，住房不能形成现实的购买力，住房等非金融财富对消费不存在任何影响。Engelhardt 研究表明，住房资产收益对消费不产生任何影响；相反，住房资产损失则对消费有一定的影响力。Levin 以退休历史调查数据（RHS）为样本进行实证分析，研究发现住房资产价格变动对消费不产生任何影响。Tracy 住房资产财富效应可能会小于金融资产的财富效应，而对于那些长期居住的消费者而言，住房价格上涨带来的正的财富效应会被使用住房的成本所抵消。国外学者除了对房价影响消费的财富效应分析外，也有部分学者对其他效应进行了分析和探讨。Iacoviello、Lustig、Benito、Iacoviello 和 Miller 等从住房抵押的角度分析了房价上涨对居民消费的作用机制，并强调房价上涨提高了住房的抵押价值，它允许有流动性约束的家庭能够借到更多资金用于消费，从而增加了家庭消费。还有一些学者，如 Attanasio、Aron、Muellbauer 等学者对财富效应和抵押效应的解释并不认同，他们从主观因素的角度分析了房价上涨对居民消费的作用机制。他们认为，如果房价是内生变量，那么其他一些因素如预期、消费者信心和预防性储蓄等都可能会影响消费支出。如果这些共同因素被忽视，模型估计无疑存在遗漏变量的问题，最终会使得住房财富的边际消费倾向被高估。所以，房价和消费虽然呈现出高度的相关性，但通过抵押效应和财富效应这两种渠道房价对消费的影响并没有那么大。

综上所述，与我国房地产市场相比，西方发达国家的房地产市场更为成熟，因此，国外学者对房价影响居民消费的作用机制的研究也更为丰富，其中，既含有定性分析，也含有定量研究；既包含对基础理论的研究，也包含实证方面的分析和检验，这对分析我国城市住房价格上涨对居民消费影响作用机制提供了较多可供参考的资料。从目前现实情况来看，我国房地产市场化改革时间非常短，而对于房价上涨影响居民消费作用机制的分析不论是基础理论方面还是实证分析方面都亟待进一步深化和系统化，具体而言，体现在以下几个方面：

（1）国内众多学者更侧重于住房价格上涨影响居民消费的财富效应研究，而具体研究工作还比较浅显，亟待进一步的系统化和深化。目前我们对房价上涨影响居民消费的具体作用机制并未完全熟知，且影响程度当前也未得出一致公认的结论。这种情形与现阶段我国房地产市场迅速发展、众多大中型城市房价不断高涨的现实背景，以及国内政府为实现房地产业持续健康稳定的发展而进行更为有效宏观调控的现实需求是不相适应的。

（2）房价上涨通过其他渠道或机制影响居民消费的研究亟待深入发掘和探讨。房地产财富效应的研究仅局限于房价上涨使得居民房地产财富增加，进而对消费产生影响的分析。但是，除了财富效应外，房价通过其他渠道也对消费产生了重要影响。例如，住房是非常优质的抵押品，房价上涨提高了住房的抵押价值，它允许有流动性约束的家庭能够借到更多资金用于消费，影响家庭消费的强弱程度。同时，房价上涨也会导致消费者对未来的预期和信心增强，进而增加消费。此外，住房价格变化对承租者和潜在购房者会产生重要影响，房价上涨一方面会增加承租者的租金，另一方面会提高潜在购房者的首付款支付额度，因此，承租者和潜在购房者会增强预防性储蓄动机，减少当期消费。这些作用渠道都有待进一步研究和探讨。

（3）我国目前对房地产财富效应的研究在指标选择、数据筛选和具体研究方法上都亟待进一步改进和完善。目前国内众多学者对房地产财富效应的实证分析更多倾向于全国时间序列或者是个别城市的计量经济学方法，在指标选择、数据筛选和研究方法的差异性不是很大的情形下，最后得出的分析结论却大相径庭。究其原因，这可能与样本数据容量极其有限和计量分析方法的不当使用等因素有关，从而导致实证分析结论有所偏差。

第三章　1998 年房改后我国城市住房价格特征的计量分析

本章将对我国现阶段住房价格的基本特征进行客观性描述和细致深入的分析，并为后续章节对我国城市房价上涨影响居民消费具体作用机制的研究奠定基础。具体而言，本章首先以 1998 年国内房地产市场化改革以来城市房价基本走势和不同发展历史阶段房地产市场的宏观调控政策为研究主线，对现阶段我国房地产业发展状况和房改后城市住房价格的基本态势进行了分析。然后，采用非平稳面板计量方法，从房价和租金关系的视角对我国城市住房价格是否存在泡沫进行实证分析，最后，对我国城市房价与地价之间的关系进行了理论分析和实证检验。为了克服或避免以往研究中样本容量局限性所导致的低效性和对不同城市之间差异问题的忽略，本章将采用面板计量分析方法进行实证检验，从而提高实证分析的可靠性和准确度。

第一节　我国城市住房价格基本态势分析

一　我国房地产市场基本发展状况

国务院办公厅于 1998 年下半年发布了《国务院关于进一步深化城镇住房制度改革加快住房建设的通知》，该《通知》的核心思想是自 1998 年下半年起，我国将停止城镇住房的实物化分配，逐步实行城镇住房货币化分配。《通知》的出台和实施意味着我国一直实行的城镇住房福利化分配体制发生了根本性变革，我国逐渐实现住房建设的市场化和住房消费的货币化。随着城镇居民生活水平的不断改善和住房分配福利制度的逐步取消，人们对住房条件改善的要求在不断提高，进而导致住房市场需求迅速攀升，房地产行业由此迅速进入平稳快速发展阶段。

国土部于2002年发布《招标拍卖挂牌出让国有土地使用权规定》，该规定的核心内容是国家的经营性用地必须严格按照规定中的程序来执行，即招标—拍卖—挂牌—出让，这说明了我国的土地市场在逐渐步入规范化管理的道路。新政的颁布和实施在一定程度上减少了市场上的寻租行为，那些依靠炒地为生的企业逐渐被这一新政所淘汰，而那些具有丰富的开发经验和雄厚的资金实力的房地产企业则渐渐走上规模扩张的道路。人们对住房不断攀升的需求和房地产企业的迅速扩张导致了房地产的新一轮投资热潮，引发了城市房价的一路上涨。

我国自2003年以来房价持续上扬，大部分城市的房屋销售价格呈现明显上涨的态势。除了2009年第一季度和第二季度外，从2003年第一季度至2010年第四季度，我国房屋销售价格指数都明显高于104（如图3－1所示）。2003年我国商品房竣工面积为3.76亿平方米，而商品房的销售面积则已达到3.17亿平方米，全国房地产开发投资额同比增长30%，房地产市场呈现供销两旺的态势。面对这一态势，同年6月，我国央行发布121号文件，该文件中明确要求，对那些房地产开发手续不全或者是自有资金不足的房地产项目禁止再发贷款，更不能使用银行的贷款来垫资，而且银行的按揭贷款必须在该项目主体封顶以后才能发放等。这些政策在很大程度上给那些依赖于银行资金才能存活的房地产企业带来较大压力。同年9月，国务院发布18号文件，该文件对房地产业的发展具有重大意义，因为它第一次明确肯定了该行业在经济发展中具有支柱性地位，并提出要保持该行业持续快速健康的发展。

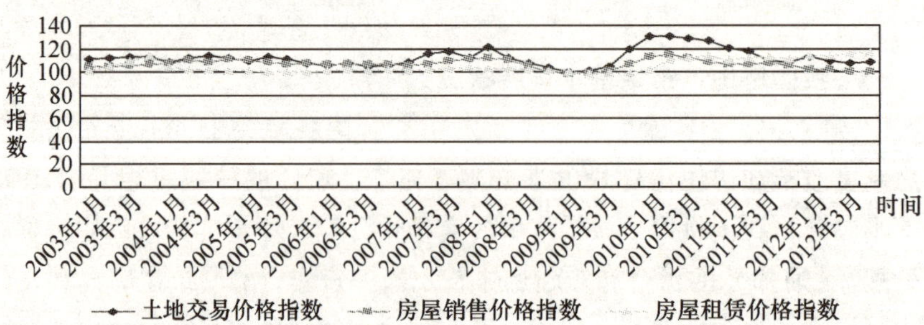

图3－1 2003—2012年我国土地交易价格指数、房屋销售价格指数和房屋租赁价格指数

2004 年我国土地交易价格指数和房屋销售价格指数同比涨幅分别达到 11.6% 和 9.4%。2004 年 2 月房地产开发投资累计增长率约为 50%，达到住房制度改革以来的最高值。

我国国务院和建设部等中央部门于 2005 年连续颁布一系列宏观调控政策以严厉打击住房市场的炒作行为，如"双八条"、"关于加强房地产税收管理的通知"等，这些政策的出台和实施在一定程度上从扩大房地产企业的投资成本、减少房地产项目的投资收益以及提高房贷门槛等角度，来抑制房地产市场上的投机性需求，以此来控制房价的过快上涨。同年我国商品房销售价格同比增幅仍高达 8.56%，全国商品房销售量同比增长 24.8%。直到 2006 年下半年为了抑制国内总需求我国实施了众多宏观调控政策和措施，这种增长态势才有所缓解，上海、北京等一线城市房价渐现下降态势，宏观调控取得一定的成效。

2006 年 5 月，国务院召开常务会议，会上为了解决我国部分大中城市房价上涨过高过快和房地产市场结构性矛盾突出等一系列问题，温家宝总理提出了"国六条"以保持房地产业健康稳定的发展。在这一阶段里，主要是通过信贷和税收政策等一些市场化的手段来对房地产市场进行宏观调控的。例如，从 2006 年 4 月至 2007 年 12 月，在一年半的时间里，央行将一年期贷款基准利率进行了八次上调，从 5.85% 上调至 7.47%，上调幅度为 27.6%。在一系列宏观调控政策下，2006 年 9 月全国房价同比分别下降 8.1%，年末住房销售量回落为 11.8%。

尽管国家出台一系列住房调控政策，但从 2007 年全年的情况来看，房价增势并未产生较大改变，且呈现逐月上升态势，全国 70 个大中城市房屋销售价格从 5 月份的 6.4% 上涨至 8 月份的 8.2%，从 2007 年到 2008 年初，全国土地交易价格指数和房屋销售价格指数呈现一路上扬的态势。直到 2008 年年初国家宏观调控效果初显，全国商品房销售面积出现明显回落，同年下半年全国住房价格开始渐现下降态势。

当国内房地产业在进行调整之时，源于美国的次贷危机已然演变成波及全球范围的金融风暴，为了减小此次危机对我国经济的负面影响，稳定并促进国内经济健康发展，各大城市又相继出台拯救楼市的政策措施。央行紧缩性的宏观调控政策逐渐松动，银根放松，进而降低了居民的购房成本。2008 年下半年中国人民银行先后两次调低贷款基准利率和住房公积金贷款利率，同时，国务院也采取了一系列宽松的宏观调控措施，如将居民个人住房贷款利率调低、降低住房交易税费和加大保障性住房建设规模等。这一系列宏观调控政策的出台和实施使得2008年进入下行通道的房价在2009年第二季度再次进入价量齐涨状态，一直到2010年第二季度全国土地交易价格和住房销售价格指数同比增长达到近十年来的顶峰，分别为31.1%和14.8%。

面对房价的新一轮持续上扬，国家在2010年相继出台一系列房地产市场调控措施，2010年1月10日国务院办公厅发布了《关于促进房地产市场平稳健康发展的通知》（即“国十一条”）提出，二套房贷首付不低于40%；4月17日出台新“国十条”提出，首套房90㎡以上首付不得低于三成，二套房首付不低于五成；9月29日新“国五条”明确指出，首付款比例调整到三成及以上，二套房首付款比例不低于五成；10月央行三年来首度加息，挤压楼市泡沫，11月房贷7折利率全面取消；12月公积金贷款利率全面上调0.25个百分点。在一系列政策及措施调控下全国较多大中城市房价于2010年第三季度进入下行通道，2010年土地交易价格和房屋销售价格同比增长均渐现不同程度的下降态势。

2011年1月中央公布新的“国八条”，提出将把二套房贷首付比例提至60%，贷款利率提至基准利率的1.1倍。加上此前的政策，2011年，首套房商业贷款的首付为30%，第三套及以上住房不发放商业贷款。2013年上半年，“国五条”落地宣告房地产调控进一步趋紧，对热点城市投资投机需求的抑制再度升级，北京、上海等城市配套细则相对严格，其他绝大多数城市基本延续了“国五条”政策方向。受政策影响，多数城市成交量在4月、5月明显回落。

二 代表性城市住房价格演变趋势

由于我国各个城市的经济发展水平不同，城市住房情况差异较大，因此各个城市的住房价格变化趋势也不尽相同。以下将以四个直辖市为例分析我国城市住房价格的演变趋势。数据主要来源于中国经济景气月报，并以上一年为基期采用同比数据。

通过图3-2、图3-3、图3-4、图3-5比较分析，可以发现：

北京土地交易价格指数的变化和房屋销售价格指数变化基本保持一致，2010年第四季度二者受宏观调控影响呈现出明显的下降趋势。房屋租赁价格指数一直保持较为稳定的波动幅度，直到2010年第二季度呈现出明显上升态势。

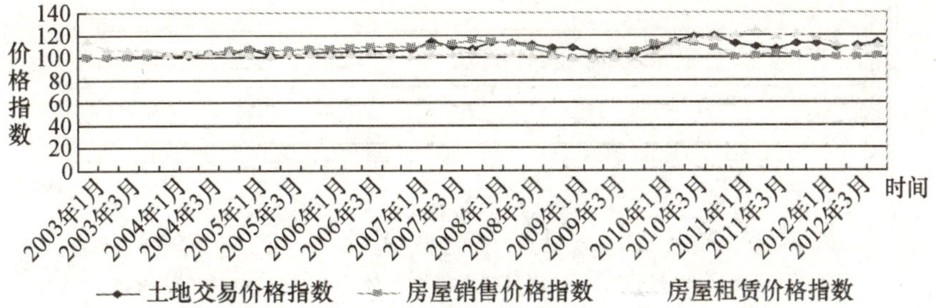

图 3－2　2003—2012 年北京土地交易价格指数和房屋价格指数

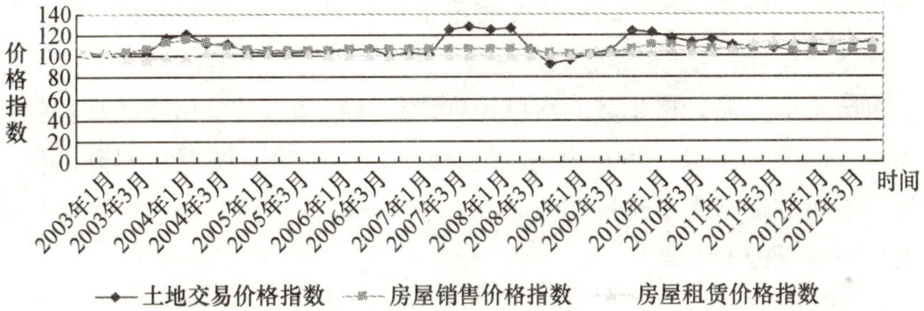

图 3－3　2003—2012 年天津土地交易价格指数和房屋价格指数

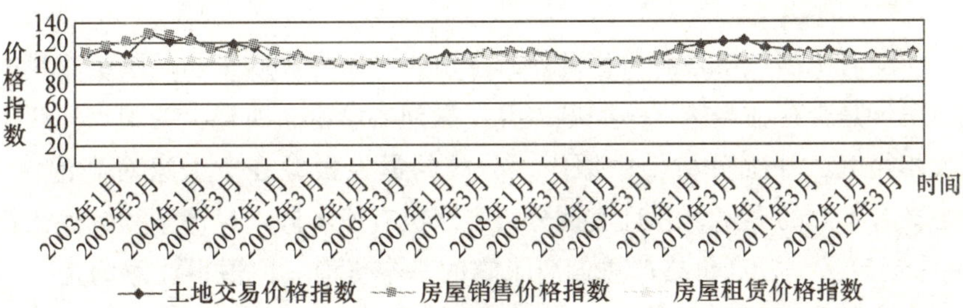

图 3－4　2003—2012 年上海土地交易价格指数和房屋价格指数

天津 2003—2012 年房屋销售价格指数远高于房屋租赁价格指数，直到 2011 年二者呈现相反的变动趋势。土地交易价格指数在 2007 年呈现明显的上涨趋势，直到 2008 年第三季度才逐渐下降。

上海土地交易价格指数、房屋销售价格指数和房屋租赁价格指数三个指数的增幅基本保持一致的变动趋势，2005 年之前房屋销售价格指数略

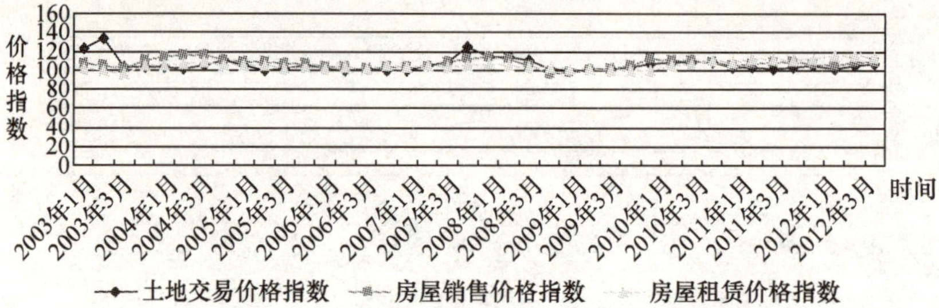

图 3－5　2003—2012 年重庆土地交易价格指数和房屋价格指数

高于房屋租赁价格指数，土地交易价格指数在 2010 年呈现快速上涨态势，并一度达到高峰，之后逐渐趋缓。

重庆土地交易价格指数、房屋销售价格指数和租赁价格指数增幅保持基本一致的增长态势。2003 年随着土地交易价格的一度不断攀升，房屋销售价格指数逐渐高于房屋租赁价格指数增幅，一直到 2010 年第四季度二者呈现相反的变动趋势。

第二节　我国城市房价泡沫的实证分析

伴随着我国城市住房价格的持续上涨，学术界和政策当局围绕着我国城市房价是否存在泡沫这一问题展开了激烈的争论，所得出的观点和意见也大相径庭，仔细分析个中原因，分歧的最大根源在于大家对“泡沫”的含义有不同的界定，并且实证分析方法也有所不同。经济学领域往往将“泡沫”定义为资产价格严重偏离了它的基本价值，但值得注意的是，对于“资产的基本价值应该如何确定”及“资产的实际价格偏离它的基本价值到什么程度才能称其为泡沫”等问题很难加以清晰界定，所以，“泡沫”一词缺乏严格统一的界定标准，存在争议也是不可避免的。

本书借鉴 Shieer（2000）提出的非理性繁荣的观点，[①] 将房价泡沫化界定为城市房价偏离了决定其价值的基本经济面，主要由市场主体的主观

① Shieer（2000）强调，市场的繁荣可以分为两类：理性和非理性。繁荣反映的是资产价格的上涨，但由于市场原因繁荣一旦脱离了实际，失去了节制，便形成了非理性的繁荣。这里的非理性繁荣接近于本书对泡沫的界定。

臆断来决定的持续上涨现象。关于住房价格是否脱离经济基本面并存在泡沫的实证分析方法一般有两种：一种方法是根据房地产的投资特性和虚拟产品特性，未来各期的预期收益的折现值决定了房地产的投资价值，由于租金是其各期收益的表现形式，因此，在判断房价是否存在泡沫时可以通过对房价与租金的关系分析来实现。另一种方法则是依据房地产的实物形态来判断房价是否脱离了其均衡价格，而这种均衡价格通常由宏观经济基本面来决定，一般情况下采用的宏观经济基本面主要指标包含消费、收入、通货膨胀等。本书采用第一种方法对我国城市住房市场价格泡沫这一问题进行实证分析。

一　理论分析

马克思认为，住房价值的货币表现形式既可以是房价，也可以是房租，因为它们都可以反映住房的价值。房价是住房价值的基本表现形式，房租以房价为基础来计算。由于房价和房租反映的是同一住房的价值，因此它们之间存在着固定的比例关系。马克思在分析二者比例关系时采用"租售比"这个概念，租售比指的是在同一时间、同处于一个区位、同类型住房的房租与房价比例关系。房租和房价共同处于一个市场环境中，二者不存在相互区隔，这是马克思地租理论成立的前提条件，在此基础上他得出二者正相关的分析结论。

Denise Dipasquale 和 Willian C. Wheaton（2004）提出了分析房地产市场行为的经典四象限模型（简称 D－W 模型），在 D－W 模型中，认为房地产市场上房地产价格和租金之间的关系可以用公式 $P = R/i$ 来表示，其中，i 表示房地产的资本化率。由此可见，D－W 模型认为房价和房租之间存在显著正相关关系。

现代经济学中的现值模型对房价与房租关系的研究与 D－W 模型的基本原理是相同的，Clayton（1996）及 Case 和 Shiller（2001）关于房价与房租之间的关系与股市中股价与股利之间的关系相似，他们研究表明，在理性预期条件下，房价是预期未来房租收益的贴现值。二者关系可以描述为：

$$P_t = R_t + \left[\frac{P_{t+1}(1-\delta)}{1+i_{t+1}}\right] \tag{3-1}$$

其中，P_t 表示第 t 期房价；R_t 表示第 t 期房租；δ 为折旧率；i_{t+1} 为折现率。上式按照迭代期望法则展开成 P_{t+1}，P_{t+2} 等，则可以得到以下方程式：

$$P_t = E_t\left[R_t + \frac{R_{t+1}(1-\delta)}{1+i_{t+1}} + \frac{R_{t+2}(1-\delta)^2}{(1+i_{t+1})(1+i_{t+2})} + \cdots + \frac{R_{t+k}(1-\delta)^k}{\prod_{j=1}^{k}(1+i_{t+j})} + \frac{P_{t+k+1}(1-\delta)^{k+1}}{\prod_{j=1}^{k+1}(1+i_{t+j})}\right] \quad (3-2)$$

由于约束条件为：

$$\lim_{k\to\infty}\frac{P_{t+k}(1-\delta)^k}{\prod_{j=1}^{k}(1+i_{t+j})} = 0 \quad (3-3)$$

则式（3－2）转变为：

$$P_t = E_t\left[R_t + \sum_{k=1}^{\infty}\frac{R_{t+k}(1-\delta)^k}{\prod_{j=1}^{k}(1+i_{t+j})}\right] \quad (3-4)$$

其中，E_t 表示在第 t 期的数学期望。

由式（3－4）可知，现值模型说明房租和房价之间存在正相关，房租的高低决定了房价的高低。

二　研究方法

随着国内大中城市住房价格的普遍持续上涨，我国房价与房租之间关系也成为国内学者关注的热点问题并进行了众多相关分析，得出了不同的研究结论。谢岳来（2004）探讨了房价租金比的合理范围，对经济非理性泡沫和理性泡沫对房价租金比内在机制的影响展开了研究，但并没有得出房价与房租相关的分析结论。周永宏（2005）研究结果表明，目前我国房租和房价被区隔到完全竞争市场和垄断竞争市场，二者具有相对的独立性，因此，不存在房价决定房租的状况，但两个市场是相互联系的，租金可以作为衡量房屋价值和投资决策的重要依据。张金清、亓玉洁（2007）通过分析利率、租金和房地产价格之间的关系，提出房地产租金贴现定价公式，应用此公式将房地产市场的价格运行区间划分为合理区间、低度不合理区间、中度不合理区间和高度不合理区间，并对应于房地产市场运行状况的蓝、绿、黄、红四个房价预警区域；然后，对上海虹口区房价的合理程度进行了分析和判断，对房地产市场的监管提出了对策和建议。杜红艳和马永开（2009）运用 1998 年第一季度至 2006 年第三季度数据对房价和房租的关系进行了实证分析，研究发现，在短期内，房租和房价相互独立，长期来看，房价是房租变动的原因，房价上扬可以推动房租上涨，但后者不是前者变化的原因。余华义和陈东（2009）采用我国 1997 年第一季度到 2007 年第二季度地价、房价和房租的定基数据和向量误差修正模型（VECM）进行实证分析，发现房价与租金之间存在双向的正向影响关系。徐滇庆（2010）以国家出台多项房地产调控政策以来住房租金大幅上升为背景，分析了购租比、住房真实投资回报率与名义投资回报率之间的关系以及一线城市住房租金暴涨的原因，得出住房租金大幅上升具有必然性的结论。董藩等（2010）研究发现，由于受到各种因素的干扰，房价与房租呈现出非正比的背离关系。房价与房租相互背离是由于现有土地制度所造成的，因为现有制度导致土地供给短缺，住房供给减少，而住房体制改革使得住房需求激增，因此供需矛盾不断加剧，房价与房租相互背离。王辉龙等（2011）研究发现，影响房租上涨的直接因素不是房价，而是市场交易量；房价通过影响交易量间接影响房租。住房租赁市场与商品房交易市场相互影响，因此，必须从政策上保证二者协同发展。黎友焕（2014）研究发现，房价与房租呈现一致性持续上涨态势，高房价、高房租导致一线城市人才流失、抑制居民消费、降低社会幸福度、扩大贫富差距、影响其他产业发展、放大金融风险，影响一国社会经济的持续、稳定发展。

综上可知，以往国内学者的研究更多地倾向于采用全国房屋租赁价格指数和房屋销售价格指数的年度数据，通过时间序列的单位根检验、协整检验和 Granger 因果关系检验来分析房价和房租之间的相互关系，但得到的结论却不尽相同，原因可能与样本容量的有限性有关。在进行计量分析时，修正的 ADF 单位根检验方法和协整检验的 E－G 两步分析方法，都要求样本数据容量必须足够大，否则会使得协整参数估计量有偏，因此，如果样本数据容量越小，那么偏差就会越大；而且，在样本数据容量有限的情况下，单个时间序列数据 Johansen 协整检验结果的可靠性和准确度不高；此外，在建立误差修正模型（ECM）时，滞后阶数的选择也非常重要，我国房租房价指数的编制始于 1998 年，截至目前，年度样本数据容量也分别仅有十余个，因此，采用简单时间序列单位根检验和协整分析来研究我国房租指数和房价指数会导致结论出现偏差。

此外，以往研究文献中更多研究集中在采用全国时间序列数据来分析我国房租和房价之间的关系，但我们知道，由于各个城市的地域条件、资源禀赋和经济发展水平等差异性很大，各个城市的房地产业发展程度也大相径庭，因此，各个城市房价和房租之间的关系也是不同的。在进行具体实证分析时，必须要考虑到城市间的个体异质性，从而得出更为准确、可靠的结论。

为了提高分析的可靠性和准确度，避免由小样本及忽略各城市差异问题所带来的误差，本书将采用全国时间序列数据和我国 14 个大中城市 2000 年第一季度到 2012 年第四季度的面板数据，一方面扩大了样本容量，增加了自由度，另一方面则控制了不同城市的个体差异性。在具体研究方法上，本书将首先对面板数据进行单位根检验，如果数据平稳，则可以直接建立固定效应模型或随机效应模型或混合模型，进行 OLS 回归；如果数据是非平稳的，则将采用面板协整检验法来分析房租和房价之间的长期均衡关系，以及面板 FMOLS 来估算两者之间的长期影响系数，从而提高分析的精确度，获得更为可靠的实证检验结论。

（一）面板数据基本模型

所谓面板数据模型是指采用混合数据来研究变量之间的相互关系并预测其变动趋势的计量模型，此类模型能够同时反映研究对象在不同时间和不同截面单元的基本特征以及在这两方面的基本变化规律。而且，此类模型能综合利用众多样本信息，使实证分析更加深入细致，减少或避免多重共线性等带来的负面影响。面板模型的基本假设为：经济变量 y 由某一参数的概率分布函数 $P(y \mid \theta)$ 产生，其中，θ 是 m 维实向量，对所有个体在所有的时刻都相等。在这一假设前提下，面板数据基本模型为：

$$y_{it} = \alpha_{it} + \beta'_{it}x'_{it} + u_{it} \quad (i=1, \cdots, N;\ t=1, \cdots, T) \tag{3-5}$$

其中，α_{it} 为常数项，$x'_{it} = (x_{1it}, x_{2it}, \cdots, x_{Kit})$ 表示外生变量向量，$\beta'_{it} = (\beta_{1it}, \beta_{2it}, \cdots, \beta_{Kit})$ 表示参数向量，K 表示外生变量总个数，T 表示时期总数，N 表示截面单位总数。随机扰动项 u_{it} 之间相互独立，且满足同方差、零均值的特征。这里的 α_{it}、β_{it} 包含了时间和截面效应，α_{it} 可以进一步分解为总体效应和个体效应之和，即 $\alpha_{it} = \alpha + \delta_i + \eta_t$，其中，$\alpha$ 表示总体效应，δ_i 表示截面效应，η_t 表示时间效应，δ_i 和 η_t 一起构成个体效应。式（3-5）可以表示为：

$$y_{it} = \alpha + \delta_i + \eta_t + \beta'_{it}x'_{it} + u_{it} \quad (i=1, \cdots, N;\ t=1, \cdots, T) \tag{3-6}$$

上述基本模型又可以细分为以下三种基本回归类型：

（1）混合回归模型。这类面板数据模型假设截距 δ_i 和 η_t 不随截面 i 和时间 t 的变化而发生变化，此时的面板数据模型可表示为：

$$y_{it} = \alpha + \beta'_{it}x'_{it} + u_{it} \tag{3-7}$$

（2）固定效应模型。这类面板数据模型假设截距 δ_i 和 η_t 随着截面 i 和时间 t 的变化而发生变化，η_t 或 δ_i 与解释变量 x_{it} 相关，具体来讲，可以分为以下三种情况：①时间固定效应模型。该类模型截距项 η_t 在时间上发生变化，δ_i 在截面 i 上不发生变化。②截面固定效应模型。这类模型截距项 δ_i 在截面 i 上发生变化，η_t 在时间上不发生变化。③时间和截面固定效应模型。这类模型不仅截距项 η_t 在时间上会有变化，而且 δ_i 在截面 i 上也会发生变化。

（3）随机效应模型。这类面板数据模型假设：$\eta_t \sim N(0, \sigma_u)$，$\delta_i \sim N(0, \sigma_\delta)$，$\varepsilon_{it} \sim N(0, \sigma_\varepsilon)$，$\eta_t$，$\delta_i$，$\varepsilon_{it}$ 三者互不相关，即各自分别不存在时间自相关、截面自相关和混合自相关，η_t 或 δ_i 与解释变量 x_{it} 不相关。令 $v_{it} = \delta_i + \eta_t + \varepsilon_{it}$，则随机效应模型可以表示为：

$$y_{it} = \alpha + \beta'_{it}x'_{it} + v_{it} \tag{3-8}$$

与固定效应模型相比，随机效应模型相当于把固定效应模型中的截距项看作是两个随机变量：一个是时间随机误差项，另一个是截面随机误差项。若两个随机误差项都能够服从正态分布，那么估计模型时就能够节省自由度，原因在于在该条件下只需估算两个随机误差项的方差和均值即可。

针对上述三种面板数据模型，通常可以采用下列方法进行选择和判断：

1. F 检验（固定效应检验）

F 检验主要是针对固定效应模型的检验。在具体检验过程中，又可以细分为以下三种情况：

（1）对截面固定效应的检验。原假设认为各个截面之间的截距项不发生变化，即 $\delta_1 = \delta_2 = \cdots \delta_N = 0$。若原假设成立，则下面的 F 统计量会服从 F 分布：

$$\frac{(RSS_T - RSS_F)/(N-1)}{RSS_F/(NT-N-K)} \sim F(N-1, NT-N-K) \tag{3-9}$$

式（3-9）中，RSS_F 是截面固定效应模型中的残差平方和，RSS_T 为模型（3-7）中的残差平方和。当 F 大于临界值时，则拒绝原假设，说明存在截面固定效应。

（2）对时期固定效应的检验。原假设认为各时期之间的截距项不发生变化，即 $\eta_1 = \eta_2 = \cdots \eta_T = 0$。根据上述方法，构造 F 统计量，这里的

RSS_F 不是个体固定效应模型中的残差平方和，而是时间固定效应模型中的残差平方和。当 F 大于临界值时，则依然拒绝原假设，说明存在时间固定效应。

（3）对截面和时间固定效应的检验。原假设认为各个截面之间和各时期之间的截距项均不发生变化，即 $\delta_1=\delta_2=\cdots\delta_N=0$，$\eta_1=\eta_2=\cdots\eta_T=0$。按照上述方法构造 F 统计量，RSS_F 此时是回归模型（3-6）中的残差平方和。当 F 大于临界值时，则拒绝原假设，说明截面和时间固定效应存在。

2. Hausman 检验（随机效应检验）

随机效应估计的一个核心假设，即原假设是随机效应与解释变量无关，Hausman 检验就是对这个假设进行检验的一种普遍方法，即

$$H_0: \hat{\beta}_{FE}=\hat{\beta}_{RE} \tag{3-10}$$

其中，$\hat{\beta}_{RE}$ 为随机效应的系数估计值，$\hat{\beta}_{FE}$ 为相应的固定效应的系数估计值。如果随机效应与解释变量无关，那么二者应相等，此时所采用的统计量服从卡方分布，即

$$\chi^2=(\hat{\beta}_{FE}-\hat{\beta}_{RE})'\text{Var}(\hat{\beta}_{FE}-\hat{\beta}_{RE})^{-1}(\hat{\beta}_{FE}-\hat{\beta}_{RE})\sim\chi^2(k) \tag{3-11}$$

其中，k 表示自变量的个数，且有 $\text{Var}(\hat{\beta}_{FE}-\hat{\beta}_{RE})=\text{Var}(\hat{\beta}_{FE})-\text{Var}(\hat{\beta}_{RE})$。

（二）面板单位根检验

上述面板数据基本模型是在时间序列平稳的前提条件下进行的，如果对非平稳时间序列之间进行回归，则标准的 t 检验和 F 检验均是无效的。为了确保估计结果的有效性，避免伪回归，分析过程中必须对各时间序列的平稳性进行检验，而进行平稳性检验最常用的方法即是单位根检验。面板单位根检验主要是对面板数据的平稳性进行判定的方法。主要方法包含 LLC、IPS、ADF-Fisher 和 PP-Fisher 等方法。

LLC（Levin，Lin & Chu，2002）单位根检验方法允许存在不同时间趋势和截距，高阶序列相关和异方差，该检验方法适用于截面数介于 10—250、时间数介于 25—250 中等维度的面板单位根检验。LLC 检验方法原假设为，各截面单元序列存在同质单位根过程。[①] 它采用 ADF 检验形

① 同质单位根是指各截面单元序列具有相同的单位根过程；异质单位根是指各截面单元序列具有不同的单位根过程。

式，基本检验模型如下：

$$\Delta y_{i,t}=\alpha y_{i,t-1}+\sum_{j=1}^{p_i}\xi\Delta y_{i,t-j}+\beta_{mi}d_{mt}+u_{it}\eta,\ i=1,\ \cdots,\ N;\ t=1,\ \cdots,\ T;\ m=1,\ 2,\ 3 \tag{3-12}$$

其中，d_{mt}表示确定性趋势项，ADF 检验通过三个模型来完成：含有截距和趋势项的模型、只含截距项的模型以及二者都不含的模型。上式中，β_{mi}代表模型反应参数。LLC 单位根检验的原假设是：面板数据只存在一个单位根，即 H_0：$\xi=0$，备择假设为 H_1：$\xi<0$。在原假设下，LLC 构造的 t 统计量服从正态分布，即

$$t_{\alpha}^{*}=\frac{t_{\alpha}-(N_{\widetilde{T}})\times S_N\cdot\sigma^2\times SE(\alpha)\times u_{m\widetilde{T}}}{\sigma_{m\widetilde{T}}}\sim N(0,\ 1) \tag{3-13}$$

其中，t_{α} 是 $H_o=0$ 时的 t 统计量，σ^2 是误差 η 的估计方差，SE（α）是 α 的标准差。

IPS（Im，Persaran & Shin，2003）检验与 LLC 检验不同之处在于，IPS 是对各截面单元序列异质单位根的检验，即结合各截面 ADF 检验统计量计算群体平均以检验数据是否是平稳的。其检验模型为：

$$\Delta y_{i,t}=\alpha_i+\delta_i y_{i,t-1}+\sum_{j=1}^{p_i}\rho_{i,j}\Delta y_{i,t-j}+\varepsilon_{i,t} \tag{3-14}$$

其中，δ_i 的 t 统计量记作 t_i，原假设认为各截面单元都存在单位根，即 H_0：$\delta_1=\cdots\delta_N=0$，备择假设则是：$H_1$：$\delta_i<0$，$i=1$，…，$N_1$；$\delta_i=0$，$j=N_1+1$，…，$N$；在 ε_{it}服从有限互异方差、零均值的正态分布假定下，t 截面单位根检验的统计量服从正态分布，即

$$\bar{t}=\frac{\sqrt{N}\left\{\bar{t}_{NT}-\frac{1}{N}\sum_{i=1}^{N}E[t_{iT}(p_i,0)\mid\delta_i=0]\right\}}{\sqrt{\frac{1}{n}\sum_{i=1}^{N}\mathrm{Var}[t_{iT}(p_i,0)\mid\delta_i=0]}}\sim N(0,\ 1) \tag{3-15}$$

其中，$\bar{t}_{NT}=\frac{1}{N}\sum_{i=1}^{N}t_i$（$p_i$）为各个截面单元 t_i 的平均值，E［t_{iT}（p_i，0)］和 Var［t_{iT}（p_i，0)］分别表示截面单元 t_i 的均值和方差。

继 IPS 检验之后，Maddala 和 Wu（1999）又提出了 ADF－Fisher 和 PP－Fisher 面板异质单位根检验方法。Fisher 检验的原假设是：各截面序列都含有单位根，备择假设是：某一截面序列不含单位根，Fisher 检验构造的 Z 统计量服从正态分布，即

$$Z=\frac{1}{\sqrt{N}}\sum_{i=1}^{N}\Phi^{-1}(\pi_i)\sim N(0,\ 1) \tag{3-16}$$

其中，π_i 是各截面单元进行单位根检验时原假设成立时的概率。这个检验对统计量选择滞后长度和样本数大小比较稳健。

（三）面板协整检验

在时间序列分析中，协整检验的 Engle - Granger 两步法是基于残差检验完成的。具体而言，如果变量之间存在着协整关系，那么残差则为 I（0）过程；如果变量之间不存在协整关系，那么残差则为 I（1）过程。Pedroni（1999）和 Kao 将 E - G 两步法的基本框架应用到面板数据分析中。面板协整检验能够将各个截面和不同时间的众多信息有效综合利用起来，以此来克服或避免样本数据容量的有限性所带来的缺陷，从而确保结论的可靠性和准确度。

Pedroni 提出了多种不同截面之间存在个体效应和不同趋势效应的协整检验方法。考虑如下回归形式：

$$y_{it}=\alpha_i+\gamma_i t+\beta_{1i}x_{1it}+\beta_{2i}x_{2it}+\cdots+\beta_{ki}x_{kit}+\cdots+\beta_{Ki}x_{Kit}+\varepsilon_{it} \tag{3-17}$$

其中，$t=1,\ 2,\ \cdots,\ T$；$i=1,\ 2,\ \cdots,\ N$；$k=1,\ 2,\ \cdots,\ K$。T 是时期总数，N 是截面总个数，K 是外生变量总个数。这里假设 x 和 y 满足一阶协整，即 I（0）。参数 α_i 和参数 γ_i 分别表示个体确定效应和截面趋势效应。

Pedroni 检验法的原假设为：各个变量之间不存在协整关系，在原假设下，残差项 ε_{it} 遵从 I（1）过程。接下来，通过建立如下辅助回归来判定残差项是否遵从 I（1）过程。

$$\varepsilon_{it}=\rho_i\varepsilon_{it-1}+\mu_{it} \tag{3-18}$$

或 $$\varepsilon_{it}=\hat{\rho}_i\varepsilon_{it-1}+\sum_{j=1}^{p_i}\Phi_{ij}\Delta\varepsilon_{it-1}+v_{it} \tag{3-19}$$

其中，$t=1,\ 2,\ \cdots,\ T$；$i=1,\ 2,\ \cdots,\ N$。Pedroni 采用多种方法来构建不同的统计量来检验同一个原假设，即不存在协整关系，换言之，$\rho_i=1$。基于原假设的备择假设有如下两个：其一是同质性备择，即对于所有的截面都存在 $\rho_i=\rho<1$；其二是异质性备择，即对于所有的截面都存在 $\rho_i<1$。Pedroni 构造的统计量在原假设下渐进服从正态分布。Pedroni 检验一般适用于组中包含 7 个以下或 7 个时间序列的情形。

Kao 检验的基本思路与 Pedroni 检验相似，唯一区别在于，第一阶段回归时，Kao 检验确定了模型中只含有个体确定效应，且模型中外生变量的系数是齐次性的，即不同截面的外生变量系数相同，然后同 Pedroni 检验一样进行辅助回归。即

$$\varepsilon_{it} = \rho_i \varepsilon_{it-1} + r_{it} \tag{3-20}$$

$$或\ \varepsilon_{it} = \hat{\rho}_i \varepsilon_{it-1} + \sum_{j=1}^{p_i} \Phi_{ij} \Delta\varepsilon_{it-1} + r_{it} \tag{3-21}$$

Kao 检验的原假设是不存在协整关系，在该假设下，构造一系列服从渐进标准正态分布的统计量，即

$$\mathrm{ADF} = \frac{t_{\hat{\rho}} + \sqrt{6N}\hat{\sigma}_r/(2\hat{\sigma}_{lu})}{\sqrt{\hat{\sigma}_{lr}^2/(2\hat{\sigma}_r^2) + 3\hat{\sigma}_r^2/(10\hat{\sigma}_{lr}^2)}} \sim N(0,\ 1) \tag{3-22}$$

其中，估计的方差为：$\hat{\sigma}_r^2 = \hat{\sigma}_u^2 - \hat{\sigma}_{uv}^2 \sigma_v^{-2}$，估计的长期方差为：$\hat{\sigma}_{lr}^2 = \hat{\sigma}_{lu}^2 - \hat{\sigma}_{luv}^2 \sigma_{lv}^{-2}$。

（四）Panel FMOLS 模型

协整方程通常具有一个良好的特性：即随着截面的增加和时间的变化，或者说随着样本观察值的逐渐增加，协整变量的传统最小二乘估计值在长期内将收敛于其真值。然而，对于中等大小的样本容量来讲，由于误差项的相关性和变量的内生性，最小二乘估计量存在着不容忽视的偏差。因此，Phillips 和 Hansen（1990）提出完全修正最小二乘估计法（Fully Modified OLS，FMOLS），该方法允许内生性和相关性的存在，估计有效且无偏。鉴于此，本书将采用 FMOLS 法来估计面板协整方程。该方法的基本原理为：

若 I（1）过程 $X_t =(x_{1t},\ x_{2t},\ \cdots,\ x_{nt})'$存在 m 个线性独立的协整关系，那么，对各个变量顺序进行适当调整后，可以得到以下 Phillips 三角形：

$$X_{1t} = B'X_{2t} + \mu_{1t}$$

$$\Delta X_{2t} = \mu_{2t} \tag{3-23}$$

其中，X_{1t}表示 X_t 中某 m 个元素组成的向量，X_{2t}则由剩余其他的不存在协整关系的（$n-m$）个元素组成，B 为（$n-m$）$\times m$ 阶协整参数矩阵。$\mu_t =(\mu'_{1t},\ \mu'_{2t})'$是 n 维平稳向量过程。

接下来，令 $\Gamma(k) = E(\mu_t u'_{t+k})$，$\Omega = \sum_{k=-\infty}^{\infty} \Gamma(k)$ 为 $\{u_t\}$ 的长期协方差矩阵，$\Delta = \sum_{k=0}^{\infty} \Gamma(k)$ 为单向长期协方差矩阵。那么，标

准化后 $\{u_t\}$ 的累加和弱收敛于 BM（Ω）—协方差矩阵为 Ω 的向量维纳过程可以表示为：

$$T^{-1/2}\sum_{t=1}^{[Tr]}\mu_t \Rightarrow S(r) \equiv BM(\Omega) \tag{3-24}$$

其中，$[Tr]$ 代表小于或等于 Tr 的最大整数，"⇒" 和 "≡" 两个符号分别代表弱收敛和分布相同的含义。那么，根据 $\mu_t=(\mu'_{1t},\ \mu'_{2t})'$ 的结构，可以将向量维纳过程 $S(r)$ 表示如下：$S(r)=[S'_1(r),\ S'_2(r)]'$，而长期协方差矩阵 Ω 也可分块表示为：

$$\Omega=(\Omega_{ij})=\begin{bmatrix}\Omega_{11}\Omega_{12}\\ \Omega_{21}\Omega_{22}\end{bmatrix},\ \Omega_{12}=\Omega'_{21},\ i,\ j=1,\ 2 \tag{3-25}$$

类似地，Δ 分块可以表示为：$\Delta=(\Delta_{ij})$，$i,\ j=1,\ 2$。

最后，对式（3-23）中的协整方程进行简单的最小二乘回归，则可以得到 B 的超一致估计量。但是，由于该估计量的渐近分布不是标准的，并且会受到噪声参数的影响，所以不能在此基础上对 B 进行统计推断。Phillips 和 Hansen（1990）认为可以直接对最小二乘估计量进行非参数修正以消除噪声参数的影响，这便是 FMOLS 估计的基本原理。

三　数据来源与处理

房地产价格指数在一定程度上反映了不同发展阶段房价水平的变动态势。目前覆盖全国房地产价格指数的主要有全国房地产开发业务综合景气指数（简称国房指数）、中国房地产指数系统（简称中房指数）和中国经济景气月报提供的房价指数。而这其中，国房指数和中房指数在提供国内各大城市房屋租赁价格指数方面有所欠缺。因此，本章将选用中国经济景气月报提供的全国时间序列数据和 14 个大中城市房屋租赁价格指数（RP）和房地产销售价格指数（HP）的季度面板数据，所有数据的时间跨度为 2001 年第一季度至 2012 年第四季度。为了容易得到平稳序列又不改变变量的特征，对变量取自然对数，分别记为 LHP 和 LRP。

从图 3-6 我国房价与房租的基本走势来看，1998 年住房体制改革以来，全国房价不断上涨，自 2003 年以后上升趋势较为明显，但在 2008 年至 2009 年出现短暂的下降。对于房租而言，自 1998 年公房租金改革后房租一度在 2003 年呈大幅上升趋势，之后波动很小，保持着比较稳定的发展态势，一直到 2010 年再次呈现上扬趋势。直观上看，房租和房价二者走势并没有呈现出相关关系，它们之间的联系尚需进一步深入探讨和分析。

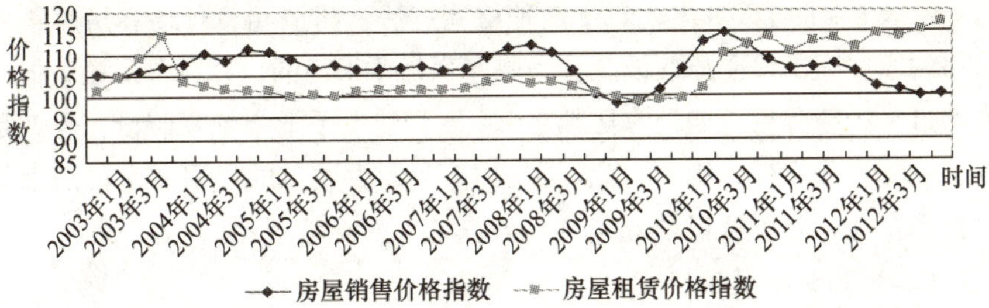

图 3-6　2003—2012 年全国房屋销售价格指数与房屋租赁价格指数走势

四　实证检验结果与分析

根据上述介绍的研究方法，这里将首先对我国不同城市的房屋租赁价格和房屋销售价格的面板数据进行单位根检验，以此来判断面板数据是否平稳。如果面板数据是平稳的，则可建立面板数据模型，如混合模型、固定效应模型或随机效应模型，并进行 OLS 回归；若面板数据是不平稳的，而且存在着同阶单位根，那么接着就进行面板协整分析，以检验各个变量之间是否存在长期均衡关系，最后将采用面板 FMOLS 法来估算相关系数。

（一）面板单位根检验

为了增加单位根检验的稳健性和精准度，本章将采用 IPS、LLC、ADF－Fisher 和 PP－Fisher 四种检验方法同时对房屋租赁价格序列和房屋销售价格序列进行平稳性检验，并综合考虑所有检验结果来判断这些序列是否平稳。利用软件 Eviews 6.0 进行检验的结果如表 3－1 所示。

表 3－1　房价和房租的面板单位根检验

变量	LLC 检验	IPS 检验	ADF－Fisher 检验	PP－Fisher 检验
LHP	3.98517	9.13070	4.04934	3.21685
	(0.9283)	(0.7286)	(0.8439)	(0.7825)
LRP	1.9122	1.0379	35.4613	32.6971
	(0.9721)	(0.8317)	(0.2377)	(0.2016)
DLHP	－4.26440	－6.58560	100.637	44.2190
	(0.0000)	(0.0000)	(0.0000)	(0.0024)
DLRP	－3.73291	－4.65034	107.931	138.487
	(0.0000)	(0.0000)	(0.0000)	(0.0000)

注：①四种检验方法的原假设都为：原序列存在单位根；②括号内数值表示估计量的 p 值；③四种检验方法都采用了包含截距项的形式。

从表 3 -1 可以看出，对于四种检验方法，房屋租赁价格和房屋销售价格的原序列都接受原假设，认为原序列是非平稳的，存在单位根。但二者经过一阶差分后，四种方法都在 1% 显著性水平下拒绝零假设，也就是说，一阶差分序列平稳。因此，我国 14 个大中城市的房租和房价的面板数据都存在一阶单位根过程。

（二）面板协整检验

上述面板单位根检验结果表明，两个变量经过一阶差分后平稳，或者说变量之间同阶单整，所以，接下来可以使用协整检验来分析变量间长期均衡关系。通常采用的面板协整检验方法为：Pedroni 检验和 Kao 检验。本章为了保证协整检验的可靠性，将综合采用 Kao 的 ADF 统计量和 Pedroni 的 7 个统计量方法进行面板协整检验，利用软件 Eviews 6.0 检验结果如表 3 -2 所示。

表 3 -2　　　　房价与房租的面板协整检验结果

检验方法		LHP 和 LRP
Pedroni 检验	Panel v	0.467523
		(0.8416)
	Panel rho	1.395376
		(0.5247)
	Panel PP	1.054278
		(0.3021)
	Panel ADF	-1.167367**
		(0.0002)
	Group rho	1.367524
		(0.3698)
	Group PP	0.754236
		(0.2217)
	Group ADF	1.023872
		(0.1476)
Kao 检验		2.756819
		(0.3526)

注：①括号中的数值表示 p 值；②数值右上角上的符号 *、**、*** 分别表示在 10%、5% 和 1% 的显著性水平下拒绝原假设；③三种协整检验方法的零假设都为：不存在协整关系，在零假设下统计量服从正态分布；④在三种检验方法的设定中，都认为时间趋势不存在，Kao 检验和 Pedroni 检验二者都采用 SCI 标准来选择滞后期。

从表 3 - 2 可以看出，对于 Pedroni 检验的同质性备择检验结果来讲，除了 Panel ADF 统计量在 5% 显著性水平下拒绝原假设外，其他统计量均接受原假设，即认为不存在协整关系，对于 Pedroni 检验的异质性备择检验结果来讲，三个统计量均接受原假设，认为不存在协整关系。Kao 检验结果表明不存在协整关系。可见，上述两种检验方法绝大部分都接受了原假设，即变量之间不存在协整关系，这说明我国城市房租和房价之间不存在长期稳定的均衡关系，房价偏离房租，存在一定的泡沫。

通过对我国 14 个大中城市房屋租赁价格指数与房屋销售价格指数的面板单位根检验和面板协整分析，可以得到的基本结论是：我国 14 个大中城市的房租与房价之间不存在长期稳定均衡的关系，城市房价偏离房租，存在一定的泡沫。

第三节　我国城市房价与地价关系研究

房价和地价能够综合反映房地产市场的基本信息，二者之间密切联系：地价的高低将影响到土地收益分配、土地利用效率和房地产市场的供应情况，而房价的高低则同样会影响到土地需求量、房地产市场的健康运行和国民生活福利水平。我国自 1998 年住房体制改革以来，房地产业的迅速发展使得地价和房价一路上涨，特别是在房价高企时很多大中城市频频出现一些所谓的“地王”，各界关于“高地价推动房价不断攀升乃至出现泡沫”的争论更是接连不断，本节将对房价和地价的关系进行理论分析和实证检验。

一　理论分析

土地自身固有的一些特性决定了其供给无弹性及其价格会随着需求增加而不断上涨的特点。“玉米法律悖论”（Corn Laws Debate）曾指出，某块土地的地价是由对该土地上产出物的需求所导致的对该土地所产生的需求而引起的，即由引致需求引起的。该悖论指出，由于玉米法律促进了玉米价格的上升，于是国内玉米种植量增加，相应地，人们对种植玉米土地的需求也有所增加，因此，地价上涨的原因在于玉米价格的提升。所以，地价高不是玉米价格高的原因，而是玉米价格高的结果。根据这一悖论，房地产市场上房价的高低取决于人们对房屋的需求，而房价的高低最终决定了地价的高低。对于房价与地价之间的相互关系，Denise Dipasquale 和 Willian C. Wheaton（2002）提出了经典的四象限模型，该模型准确地阐述和分析了土地市场和房地产市场的供需平衡机制，如图 3－7 所示。

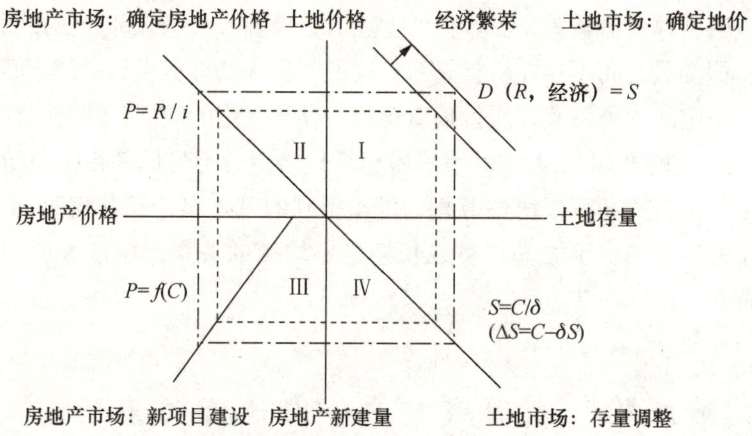

图 3－7　房地产市场与土地市场的关系

图 3－7 中第Ⅰ象限和第Ⅳ象限用来分析土地市场行为，第Ⅱ象限和第Ⅲ象限用来分析房地产市场行为。在经济处于繁荣阶段，随着居民收入、家庭消费支出和人口数量的增长，人们会增加住房需求，住房需求的增加引发土地需求的增加，这反映在图 3－7 中会使得第Ⅰ象限土地需求曲线向右上方平移，由于短期内土地供给是一定的，因此需求的增加会导致土地价格发生相应的提高，而较高的土地价格又会使得第Ⅱ象限的房地产价格相应提高，进而使得第Ⅲ象限房地产新建量增加，最后第Ⅳ象限的土地存量也相应增加，土地价格再度上升，形成新的市场均衡。与初始状态相比，新的市场均衡的各个变量均高于初始值。

在我国，政府是土地一级市场的唯一供给者，也是土地所有权的完全垄断者。政府结合财政预算与市场需求并通过招—拍—挂方式来出让土地并制定出让价格，而房地产企业在取得土地后通常会依据当时或预期未来的住房需求和房价来判定是将取得的土地储存起来等待将来升值后再开发还是当期取得土地后就立即开发。房地产开发商取得的总利润取决于住房市场供求双方力量共同形成的住房均衡价格，这也决定了开发商对该土地所愿意接受或支付的价格。由于我国房地产业的发展时间很短，各个城市间差异性也比较大，因此地价与房价之间关系亟待进一步深入研究和探讨。

近些年来，国内学者关于地价和房价之间的关系进行了大量的实证分析。刘琳和刘洪玉（2003）从两个角度即因果关系和数学关系分析了房价和地价之间的关系，研究发现，地价影响房价的形成，但这种影响不是决定性的，也就是说，成本并不是决定房价的关键因素，市场需求才是最重要的因素，换句话说，地价不能决定房价，但房价却是地价形成的至关重要的因素。

况伟大（2005）构造了城市的关于住房市场和土地市场的线性模型，探讨了房价和地价关系，得出的基本结论是：当供过于求时，地价和房价二者线性负相关；当供不应求时，地价与房价二者线性正相关；格兰杰因果关系检验结论表明，房价和地价在短期内二者是相互影响的，而长期内地价则是房价的格兰杰原因。所以，短期内如果要使房价下降，除了增加土地供给外，还应抑制地价过快上涨，而长期来看，主要应该控制地价的过快上涨。

宋勃和高波（2007）采用了我国房价和地价 1998—2006 年的季度数据，在考虑通货膨胀的条件下，建立误差修正模型（ECM），采用格兰杰因果检验方法分析了地价和房价之间的相互关系。研究发现，短期内房价对地价不存在影响，而地价是房价的格兰杰原因；二者在长期内存在着双向因果关系。所以，要抑制房价的过快上涨，短期内关键是抑制地价的过快上涨，长期内则要加强住宅的建设规划引导，合理安排土地供给，进而避免房价的大起大落。

温海珍、吕雪梦、张凌（2010）把城市房价和地价作为内生变量，把二者的影响因素看作是外生变量，并在此基础上构建了联立方程模型。通过收集全国 21 个城市 2000—2005 年的样本资料，采用两阶段回归法（2SLS）对模型进行了估计，发现房价与地价之间存在内生性关系，相互影响的方向均为正向，并且房价处于主导地位。实证结果也表明，人均可支配收入是地价的重要影响因素之一，它对房价也存在着显著的影响，对房价影响程度最大的是房价的滞后阶数，这在一定程度上表明预期房价是房价上涨的重要原因。

董倩等（2010）基于房租资本化模型，采用我国 35 个大中城市房屋销售价格指数和房屋租赁价格指数的季度数据为样本，运用单位根协整方法检验房价和房租的长期均衡关系，研究结果发现，仅石家庄市的房屋销售价格和租金间存在协整关系，其他城市的房价与房租呈现严重背离。

柯昇沛等（2011）利用中国30个大中城市1998—2009年的季度面板数据，采用非平稳面板计量方法对房价与房租之间的长期均衡关系和格兰杰因果关系进行分析，结果表明，各大中城市的房价与租金之间存在长期稳定的均衡关系，且这种关系在各城市间存在较大的差异，短期内各大中城市的房价与租金之间不存在格兰杰因果关系，长期内房价是租金的格兰杰原因，但租金不是房价的格兰杰原因。

张攀等（2013）以上海房屋销售价格指数和房屋租赁价格指数的季度数据为样本，借助Eviews 6.0软件运用多种实证方法对上海房价与租金之间的关系进行了实证分析。研究结果表明，上海房价和房租在长期内存在稳定关系，短期房价和房租互有影响但影响方向不定；上期房价对当期租金的影响小于上期租金对当期租金的影响；房价与房租互不为对方的格兰杰原因，其他因素起主导作用。

综观以往众多研究，它们通常采用的是全国土地交易价格指数和全国房屋销售价格指数的季度或年度数据，运用时间序列的单位根检验及协整检验来研究二者之间的长期均衡关系，通过建立误差修正模型（ECM）来分析二者之间的短期均衡关系，采用格兰杰因果关系检验法来分析它们之间的因果关系。但是，学者们最后得到的分析结论差异性却很大，关键原因可能由于样本容量的有限性所致，采用时间序列单位根和协整检验是低效果的，结论会有所偏差。为了克服或避免时间序列样本数据容量的有限性所导致的分析结论有偏以及对各个城市间个体差异性问题的忽略，本章将采用全国14个大中城市2001—2012年的面板季度数据进行实证检验和分析。

二　实证检验结果与分析

这里我们将采用国家统计局编制的中国经济景气月报中全国14个大中城市2001—2012年的季度面板数据，选取各个城市的房屋销售价格指数（HP）和各个城市的土地交易价格指数（LP）两个变量，并对其取自然对数，分别记为LHP和LLP。实证分析时，首先对两个变量的面板数据进行平稳性检验，判断面板数据是否平稳。如果面板数据平稳，则可以建立面板数据模型，如混合模型、固定效应模型或随机效应模型，并进行OLS回归；若面板数据不平稳，且存在同阶单位根，那么接下来可以采用面板协整检验来分析二者之间是否存在着长期均衡关系，最后将运用面板FMOLS 法进行相关系数的估计。

（一）面板单位根检验

这里使用 IPS、LLC、PP – Fisher 和 ADF – Fisher 四种方法同时对地价和房价的时间序列进行单位根检验，并综合考虑各个统计检验结果来判断序列是否平稳，如表 3 – 3 所示。

表 3 – 3　　房价和地价的面板单位根检验

变量	LLC 检验	IPS 检验	ADF – Fisher 检验	PP – Fisher 检验
LHP	3.98517	9.13070	4.04934	3.21685
	(0.9283)	(0.7286)	(0.8439)	(0.7825)
LLP	1.72871	1.23919	32.7849	30.0638
	(0.8705)	(0.6207)	(0.3481)	(0.2718)
DLHP	–4.26440	–6.58560	100.637	44.2190
	(0.0000)	(0.0000)	(0.0000)	(0.0024)
DLLP	–4.57746	–7.08257	108.541	106.346
	(0.0000)	(0.0000)	(0.0000)	(0.0000)

注：①四种检验方法的原假设均为：原序列存在单位根；②括号内数值表示估计量的 p 值；③四种检验方法都采用了包含截距项的形式。

从表 3 – 3 可以看出，房屋销售价格和土地交易价格原序列对于所有检验方法均接受原假设，即原序列非平稳，存在单位根。但两个变量经过一阶差分后，四种方法都在 1% 显著性水平下拒绝了原假设，但经过一阶差分后时间序列平稳。因此，我国 14 个大中城市房价和地价这两个变量的面板数据都是非平稳的，且存在着一阶单位根过程。

（二）面板协整检验

上述面板单位根检验结果表明，地价和房价两个变量经过一阶差分后平稳，即两个变量之间存在同阶单整。接下来，将通过协整检验来分析变量之间的长期均衡关系。这里将同样采用 Kao 的 ADF 统计量和 Pedroni 统计量两种方法进行面板协整检验，利用软件 Eviews 6.0 检验分析的结果，如表 3 – 4 所示。

表 3－4　　地价与房价的面板协整检验结果

检验方法		LHP 和 LLP
Pedroni 检验	Panel v	3. 258218 ***
		(0. 0000)
	Panel rho	－8. 283396 ***
		(0. 0000)
	Panel PP	－6. 500588 ***
		(0. 0000)
	Panel AD	－5. 569788 ***
		(0. 0000)
	Group rho	－6. 824452 ***
		(0. 0000)
	Group PP	－7. 175481 ***
		(0. 0000)
	Group ADF	－4. 754620 ***
		(0. 0000)
Kao 检验		－6. 522396 ***
		(0. 0000)
Johansen Fisher		121. 0 ***
		(0. 0000)

注：①括号中的数值表示 p 值；②数值右上角上的符号 *、**、*** 分别表示在 10%、5% 和 1% 的显著性水平下拒绝原假设；③三种协整检验方法的零假设都为：不存在协整关系，在零假设下统计量服从正态分布；④在三种检验方法的设定中，都认为时间趋势不存在，Kao 检验和 Pedroni 检验二者都采用 SCI 标准来选择滞后期。

由表 3－4 可知，上述三种协整检验方法都在 1% 显著水平下拒绝了原假设，这表明房价和地价二者之间存在协整关系。

（三）面板 FMOLS 分析

接下来将采用面板 FMOLS 方法来估算我国房屋销售价格和土地交易价格之间的协整方程，即刻画两者之间的长期稳定的均衡关系。式（3－26）和式（3－27）中的 β_{1i} 和 β_{2i} 分别描述了地价对房价的长期影响程度和房价对地价的长期影响程度。利用 Winrats 7. 0 软件进行编程处理结果，如表 3－5 所示。

$$LHP_{it} = \alpha_{1i} + \beta_{1i} LLP_{it} + \varepsilon_{it} \tag{3-26}$$

$$LLP_{it} = \alpha_{2i} + \beta_{2i} LHP_{it} + \mu_{it} \tag{3-27}$$

表 3－5　房价与地价的面板 FMOLS 系数估计结果

		式（3－26）		式（3－27）	
		β_{1i}	t－statistic	β_{2i}	t－statistic
FMOLS 估算结果	北京	1. 76***	(6. 48)	1. 04***	(7. 00)
	天津	1. 02***	(3. 25)	0. 59**	(2. 23)
	上海	1. 54***	(5. 14)	0. 87***	(3. 40)
	重庆	0. 82***	(2. 82)	0. 37***	(2. 77)
	大连	0. 65***	(2. 45)	0. 43**	(1. 96)
	南京	1. 25***	(4. 73)	0. 62***	(3. 18)
	杭州	1. 52***	(5. 93)	1. 14***	(4. 16)
	厦门	1. 02**	(2. 19)	0. 75**	(1. 92)
	青岛	1. 26**	(2. 05)	0. 25***	(2. 93)
	武汉	0. 89***	(3. 17)	0. 28**	(1. 85)
	广州	2. 27***	(7. 39)	0. 41**	(2. 29)
	深圳	1. 32***	(5. 03)	0. 55***	(3. 49)
	成都	0. 63**	(1. 93)	0. 45**	(2. 17)
	西安	0. 41**	(1. 89)	0. 13**	(1. 85)
面板组 FMOLS 结果		0. 59***	(6. 96)	0. 43***	(4. 36)

注：***、**、*分别表示在 1%、5%、10% 的显著性水平上通过统计检验。

从表 3－5 中 14 个大中城市 FMOLS 估算结果来看，房价与地价之间的影响系数均显著，并且各个城市影响的系数差异较大。具体来看，在地价对房价的有效影响系数中，最小的为西安 0. 41，最大的为广州 2. 27。四个直辖市除了重庆地价对房价影响系数小于 1 外，其他三个城市的系数均大于 1，其中影响最大的为北京，其次是上海和天津。在其他 10 个城市中，东部地区除了大连外，其他城市（如南京、杭州、厦门、青岛、广州、深圳等）影响系数均大于 1，而剩下的 3 个中西部城市的影响系数均小于 1。这说明长期内东部地区城市地价对房价的影响程度要大于中西部地区。在房价对地价的有效影响系数中，最小的为西安 0. 13，最大的为杭州 1. 14。14 个城市中除了杭州和北京房价对地价的影响系数大于 1

外，其他12个城市的影响系数均小于1。这说明长期内城市房价对地价的影响程度不如地价对房价的影响程度大。从整个面板组FMOLS结果可以看出，地价对房价的影响系数为0.59，而房价对地价的影响系数为0.43，二者都是显著的，可见，面板组结果也表明地价对房价的长期影响程度要大于房价对地价的影响程度。

通过对14个城市的房价与地价进行了面板单位根检验、面板协整分析以及面板FMOLS模型的估算，得出以下结论：我国各大中城市房价与地价之间存在着显著正相关关系，且在各个城市之间存在较大的差异。东部地区城市地价对房价的影响程度要大于中西部地区，长期内我国大部分城市房价对地价的影响程度不如地价对房价的影响程度大。具体来看，地价对房价影响系数波动区间为0.41—2.27，这意味着城市地价每上涨1%导致房价上涨幅度变动最小为0.41%，最大为2.27%。

三　小结

本章对现阶段我国城市房价的基本特征进行了客观描述和分析，为后续章节分析城市住房价格上涨影响居民消费的具体作用机制奠定良好的基础。具体而言，首先以1998年国内房地产市场化改革以来城市房价基本走势和不同发展历史阶段房地产市场的宏观调控政策为研究主线，对现阶段我国房地产业发展状况和房改后城市住房价格的基本态势进行了分析。然后，为了克服或避免以往研究中样本容量的局限性所导致的低效性和对不同城市之间差异问题的忽略，提高实证结果的准确度和可靠性，本书采用了非平稳面板计量方法，从房价和租金关系的视角对我国房价是否存在泡沫这一问题进行了实证分析，最后，对我国城市房价和地价之间的关系进行了理论分析和实证检验。研究表明，我国各个大中城市房租与房价之间不存在长期稳定的均衡关系，房价存在一定的泡沫。各大中城市房价与地价之间存在显著正相关关系，且在各个城市间存在着较大的差异。东部地区地价对房价的影响程度要大于中西部地区，长期内房价对地价的影响程度不如地价对房价的影响程度大。

第四章　房价上涨影响居民消费的作用机制（一）：财富效应

第一节　财富效应的含义界定

一　财富效应的基本含义

《新帕尔格雷夫经济学大词典》（1992）指出，财富效应（Wealth Effect）指的是："在其他条件相同的情况下，货币余额的变化会导致总消费支出的变动，该效应通常也被称之为实际余额效应或庇古效应。"庇古（1941）于《就业与均衡》中对实际余额效应的基本原理进行了详细描述。他指出，"在完全竞争条件下，当经济处于衰退时期，物价会下跌，居民的现实余额便会增加，财富净值也会相应地提高，消费者的消费欲望也会随之增长"。

根据众多财富效应的研究文献，可以将其这样界定：财富效应是指居民资产价值的变化对居民消费需求所产生的影响。总的来看，财富效应包含正负两个方面的效应，一般提到某种资产具有财富效应时，指的是资产价格增加对消费具有促进作用。在现代社会，随着社会财富构成形式逐渐多样化及其比重的不断调整，不仅实际货币余额变动会对个人财富的价值产生影响，而且其他资产价值变动同样也会导致财富水平的变动，从而使得消费需求发生变动。

所以，通常意义上的财富效应指的是包括银行存款、现金、有价证券、房地产等在内的居民净资产的变化对居民消费需求的影响。其中，房地产、银行存款和有价证券是居民资产中主要的构成部分，银行存款和债券等价格的相对稳定性使得众多财富效应的分析集中在股票市场和房地产市场。前者指的是股价波动导致股票持有者的财富发生增减，从而对消费支出产生影响。由于学术界对前者的研究明显早于后者，所以，很多有关房地产财富效应的概念界定也基本上采用了股市财富效应的定义。所以，这里可以将房地产市场财富效应界定为：房地产价格的波动导致房地产财富增减发生变化，进而对消费产生促进或抑制影响。研究房地产财富效应的本质，就是为了研究房价波动对居民资产存量的影响进而对居民消费支出所产生的影响。

二　国内关于房价财富效应的研究评述

国内学者关于资产价格影响消费的研究最早开始于我国股市对货币政策及经济增长影响的研究。而较早开始关注并研究住房价格变动影响居民消费的学者有刘建江、张存涛等人。当前国内学术界对资产价格如何影响消费的经济学理论研究和探索仍较为鲜见，而实证研究也才刚刚处于起步阶段。

李振明（2001）较早地对股市的财富效应进行了实证研究，研究发现，我国居民从股市中获得的收益主要用于股市的再投资，而很少用来进行消费。换言之，股市的财富效应对促进消费影响甚微，影响系数仅为0.03。李学峰、徐辉（2003）对我国股票市场财富效应微弱的现实进行了描述，并分析了其原因，在此基础上，从股票市场财富效应发挥作用所需要的市场环境、宏观条件及微观基础等角度，运用博弈论和信息经济学相关理论，分析了股票市场财富效应的实现条件。郭峰等（2005）以1995—2003年我国消费支出和股票价格指数数据为样本，采用协整检验的Engle – Granger两步法和误差修正模型（ECM）分析了我国股票市场的财富效应，研究发现，我国股票市场存在着微弱的财富效应。

刘建江、杨玉娟、袁冬梅（2005）研究表明，房地产财富效应比股市财富效应有更强的影响力。并指出，由于房地产价格、居民收入和利率波动的不确定性及居民资产的多元化，要对房地产对消费的影响进行定量分析存在诸多困难。根据生命周期假说和持久收入假说，可以从不同的角度来表现房地产财富效应的作用，通过LC – PIH模型可对此进行更为全面的解释，即持续上涨的住房价格会使得公众财富增加，扩大短期边际消费倾向，进而促进消费增加。

张存涛（2006）采用了我国1987—2005年宏观数据分析了我国房地产价格的财富效应，研究结论对我国房地产价格的财富效应予以了否认。

朱新玲、黎鹏（2006）应用协整检验和格兰杰因果关系检验的方法探讨了我国房地产财富效应，研究结论表明，在我国，房地产市场不存在财富效应，而是存在替代效应，即房价上涨会抑制消费。

宋勃（2007）以我国1998—2006年居民消费支出和房地产价格的季度数据为样本，在考虑通货膨胀的条件下，采用格兰杰因果检验法，并建立误差修正模型探讨了我国消费与房价之间的关系。研究结论表明，两者短期内存在格兰杰因果关系，房价上升是消费增加的长期格兰杰原因。脉冲响应分析进一步说明，房价的一个正向冲击对消费有正效应，即我国房地产市场存在财富效应。

王子龙、许箫迪、徐浩然（2008，2009）采用我国1996—2007年消费支出和房地产价格的季度数据，引入通货膨胀这一变量进行实证分析，研究表明，随着我国居民收入的不断增加，房地产对居民消费影响的财富效应在不断增强。研究还发现，房地产价格上涨是居民消费支出增加的格兰杰原因。无论从短期还是长期来看，我国住房价格变化影响居民消费的财富效应都存在。房价的正向变化对消费支出产生正面效应，使得居民消费增加，从而进一步验证了我国房地产财富效应的存在性。

刘建江、周湘辉（2009）针对2001年以来我国房地产价格上涨而居民消费率持续下降的现象，从财富效应与挤出效应两个方面探讨房价上升影响居民消费的作用机制，构造了房价指数与居民消费率相关的数理模型并进行实证研究，研究表明，当前这两个变量之间存在长期的反向协整关系，即近年来房价的上涨对居民消费确实产生了抑制作用。

邬丽萍、周建军（2009）对全国和特定地区的数据进行稳定性检验、因果关系检验和将房价这一变量纳入到消费函数模型中进行实证分析，研究表明，房价上涨会显著地抑制我国居民消费，房价波动的财富效应在不同地区之间存在很大的差异。

罗文波、张祖国、苏多永（2009）以我国2000—2008年第二季度的数据为样本，采用Johansen协整关系对全样本进行协整检验，并对其进行格兰杰因果检验、脉冲响应函数与方差分解，研究表明，短期来看，收入增加是消费增加的格兰杰原因，房价与股价波动互为格兰杰因果关系；长期来看，收入增加是消费增加的格兰杰原因。协整分析表明，我国的资产市场具有财富效应，但效果非常微弱；房价和股价变化影响消费的作用机制截然不同，股市财富效应非常迅速且短暂，而房价财富效应却较为滞后和持久。

周建军、鞠方（2010）从我国房地产市场的现状出发，采用协整检验、误差修正模型和格兰杰因果关系检验等方法分析了我国房地产市场与消费之间的关系。研究发现，同西方主要发达国家一样，我国房地产市场存在显著的财富效应，而且这种财富效应随着时间的推移在不断增强。

杜莉、潘春阳（2010）利用我国 172 个地级城市 2002—2006 年面板数据对房产价格对居民平均消费倾向的影响进行实证检验，发现房价上升抑制了居民消费。同时还发现，造成这一影响的深层次原因在于我国潜在购房者群体比重较高、房地产金融发展滞后。

李成武（2010）采用面板数据对我国各地区房地产财富效应进行了实证分析，研究发现，财富效应在我国 4 个直辖市、东部地区和东北地区表现得较为显著，且为负；在中西部地区表现则不显著；经济越发达的城市负向财富效应影响系数越大，居民住房压力越大，房价对消费的挤出效应也越明显。

况伟大（2011）对房东和租客分别建立两期房价与消费关系模型，使用中国 35 个大中城市 1996—2008 年家庭数据考察了房价变动对居民消费变动的影响。检验结果发现，房价对家庭住房面积和住房消费影响为负。

李春风、陈乐一和刘建江（2013）通过构建综合考虑各个因素的条件下能够检验房价波动对居民消费影响的动态面板模型，运用动态系统广义矩阵方法进行实证分析，研究显示，房价波动对居住消费的影响为负。

周豫、盛翔（2013）以我国 2005—2010 年月度数据为样本，研究发现商品住宅实际价格对城镇居民消费倾向存在抑制作用，房价的挤出效应占据主导地位，而财富效应没有显现；对东、中、西部地区分别回归，发现抑制作用存在地区性差异，西部地区的作用力度最大、东部次之、中部最小。

李涛、陈斌开（2014）以翔实的微观家庭住户数据为样本进行分析，研究发现，家庭住房资产主要呈现出消费品属性，只存在微弱的“资产效应”，且不存在“财富效应”。因此，住房价格上涨无助于提高我国居民消费。

廖海勇和陈璋（2015）用固定效应变系数模型测算了中国 30 个省市房地产财富效应，同时对各地区房地产消费属性进行定量测算，在此基础上研究各地区房地产消费属性与财富效应的关系，研究发现，东部地区省市的房地产财富效应较强，中西部地区省市的房地产财富效应较弱，各省市房地产财富效应的大小与消费属性强弱成正比。

宋明月和臧旭恒（2015）借助于中国健康与养老追踪调查2011年全国基线调查数据，分城乡重点分析了房产对家庭消费的影响，并对有房家庭不同资产价值影响效应进行对比。研究发现，城市和农村拥有房产都能显著地提升家庭消费，城镇家庭房产的消费弹性系数在0.063—0.068，农村家庭房产的消费弹性系数在0.062—0.085。

综观国内众多研究文献对住房价格影响居民消费的财富效应的分析，主要存在以下局限性：其一，由于国内研究的基本理论是借鉴国外经典消费函数或消费理论的，而国外的消费理论更多的是将股票和住房两种资产放在同一个框架中进行分析的，简言之，国内一些学者将住房和股票这两种实质上不可分割的资产分开，只选择讨论其中一种资产，结果是财富效应系数必然会被严重夸大，从而导致分析结论出现偏差。其二，计量方法上存在一定的问题，一些学者在采用时间序列进行分析时，没有对数据进行单位根检验和协整检验，直接对时间序列进行回归，这样可能会导致分析结论出现“伪回归”现象。其三，数据上存在一定的缺陷，我国住房市场改革开始于1998年，至今仅有17年，但国内大部分学者在研究住房财富效应时多数采用的是1998年以来的全国数据和年度数据，这样一来就会导致样本容量太小，分析结论出现较大偏差，而且由于我国各个城市的经济发展水平不尽相同，住房情况也存在较大差异，因此，对全国总体情况的分析也不能代表每个城市的不同情况。由于这些理论、数据和方法上的缺陷，现阶段国内对住房价格影响居民消费的财富效应的研究工作还有待进一步深入分析和探讨，从而为宏观经济决策提供可供参考的价值。

第二节　财富效应的理论分析

一　财富效应的传导机制分析

住房价格变化影响居民消费的财富效应是由于房价变化导致房主财富总量变动，于是资产组合价值发生变动，进而对短期的边际消费倾向产生影响，最终对居民消费产生抑制或促进作用。具体来讲，由于我国住房资产在家庭财富总量中占比较大，住房价格的上涨会增加住房所有者的净资产财富，导致其当期消费增加。住房价格上涨带来的直接收益会诱使住房所有者通过出售房产等方式来取得住房收益，而这种收益必然会对消费产生促进作用和积极影响，从而实现房地产的财富效应。

为了具体了解住房价格上涨影响居民消费的财富效应的具体作用机制，本章将借助预算约束线和无差异曲线这两种工具来进行详细分析。分析之前，进行如下模型假定：①居民房产数量始终不变，住房资产转化为消费支出是一个长期的累积过程；②只有住房价格发生变化，其他普通商品价格保持相对不变；③居民当期收入和当期金融财富保持不变。居民的预算约束可以表示为：

$$C_hP_h + C_gP_g = I \tag{4-1}$$

其中，C_g表示一般商品的消费量（不含住房），P_g 为一般商品的售价，C_h 代表购房消费，P_h 代表房价，I 则表示居民对其所拥有的包含住房资产财富、股票债券等金融资产财富在内的全部财富的预算约束，也可以看作是居民对其财富的可支配部分。由式（4-1）可知，预算约束线的斜率可以表示为 $-P_h/P_g$，纵截距为 I/P_g，可见，预算约束线的斜率与房价相关，截距与预算约束项相关。

接下来，本章将居民全部资产细分为住房资产 W_h、股票金融资产 W_s 和持久收入 Y_p，由于住房价格与住房价值之间存在一定关系，因此可以将房地产资产表示为 θP_hW_h。借鉴 Ludwing 和 Slok（2004）提出的消费误差修正模型，可以将预算约束条件下的总消费表示如下：

$$C = \alpha_0 + \alpha_1\theta P_hW_h + \alpha_2W_s + \alpha_3Y_p + \varepsilon \tag{4-2}$$

其中，α_1、α_2、α_3 分别表示住房资产财富、股票债券等金融资产财富与持久收入的边际消费倾向，而 ε 代表误差修正系数。

因为式（4-1）中居民对其所拥有的财富总量的预算约束 I 实际上是居民对其财富的可支配部分，因此，在数量上等于居民总消费额 C。而且，住房既是消费品又是资产的双重属性决定了居民住房消费 C_h 在数量上等于住房财富 W_h，即

$$I = C \tag{4-3}$$

$$C_h = W_h \tag{4-4}$$

综合式（4-1）—式（4-4），可以得到一般商品消费与房价的函数关系式：

$$C_g = \frac{P_h(\alpha_1\theta - 1)W_h}{P_g} + \frac{\alpha_2 W_s}{P_g} + \frac{\alpha_3 Y_p}{P_g} + \frac{\alpha_0}{P_g} + \frac{\varepsilon}{P_g} \tag{4-5}$$

式（4－5）反映了住房价格与居民消费之间的内在关系。在此基础上，本章将进一步对住房价格波动影响居民消费的财富效应的作用机制展开研究。

对于住房所有者而言，房价上升会导致其净财富存量增加，在财富效应作用下这将会扩大消费者预算约束，从而使其消费增加。另外，如果房价上涨，住房所有者能够通过出售房产等方式来实现直接收益，而这种收益将对个人消费产生积极影响和促进作用。即使是住房所有者并没有因为房价上涨而出售其房产，但是房价的上涨会使得其财富贴现值在不断增加，消费者将预期他们会比以往更加富有，同样这也将会促进消费增加。当然，如果房价出现下跌，则将产生负财富效应，从而抑制这部分群体的消费。具体作用机制如图 4－1 所示。

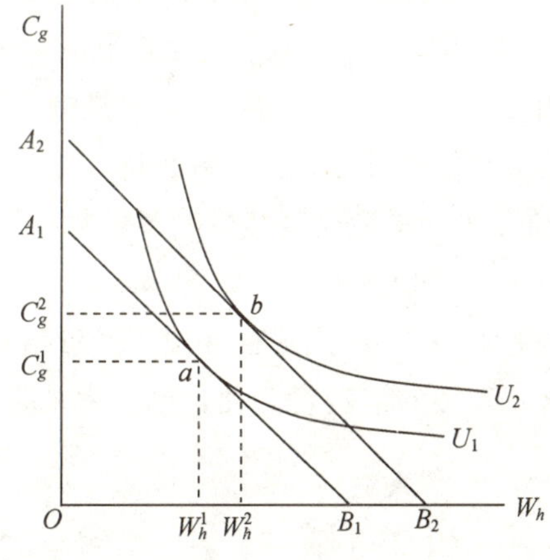

图 4－1　住房价格上涨影响居民消费的财富效应作用机制

在图 4－1 中，横轴 OW_h 表示住房的消费量，为了便于分析，在这里假设为常数，纵轴 OC_g 表示一般商品的消费量。在住房价格没有上涨之前，消费者的预算约束线由 A_1B_1 来表示，此时，对应的一般商品的消费量为 C_g^1。由上述分析可知，预算线纵截距为 I/P_g，当住房价格上涨后，根据式（4－2）住房资产价值 $\theta P_h W_h$ 随着房价的上涨而上升，同时，随着 I 逐渐增加，预算约束线由 A_1B_1 移至 A_2B_2，且与无差异曲线的切点由

a 点也相应移至 b 点，因此，对应的一般商品消费量由 C_g^1 上升为 C_g^2。由此可知，随着住房价格的不断上涨，住房所有者所拥有财富总量会随之增加，预算约束也会相应扩大，进而会增加对一般商品的消费。这就是住房价格上涨对居民消费影响的财富效应具体作用机制。

二　财富效应基本理论模型

国内外学术界对资产价格财富效应的探讨往往是在 LC－PIH（生命周期—持久收入假说）框架下进行的。根据这一假说，消费者的每期消费不仅与现期收入有关，更取决于未来的预期收入，即劳动收入和资本收益的贴现值，同时，具备理性的消费者会在更长的时间范围内安排他们的消费行为，从而平滑其一生的消费，在其生命周期内实现消费的最优配置。根据这一假说，可以建立如下模型：

$$C=\alpha WR+\beta\theta Y_t+\beta(1-\theta)Y_{t-1}\quad(0<\alpha,\ \beta,\ \theta<1)\tag{4-6}$$

其中，WR 为实际财富（或非劳动收入），Y_t 为当期可支配劳动收入，Y_{t-1} 表示上一期的可支配劳动收入，α 表示财富的边际消费倾向，β 表示收入的边际消费倾向，θ 为持久性收入在可支配收入中所占比率，它与持久性收入预期紧密相关，具体来讲，当收入变化是持久性的，则当消费者收入发生变化时他们若相信这种变化大多数是持久性的，此时的 θ 值就较高；反之，θ 值则较低，θ 值的变化直接影响了短期边际消费倾向的变化。

继 LC－PIH 之后，国外较多学者如 Steindel（1981）、Blanchard 等（1989）沿着最优消费的欧拉方程路线推导出资产价格财富效应的基本理论模型。在他们看来，理性的消费者会使自己一生消费达到效用最大化。其模型可以表示为：

$$\max E_t\left[\sum_{t=0}^{T}(1+\theta)^{-t}U(C_t)\right]\tag{4-7}$$

$$\text{s.t. } T_{t+1}=(1+r_t)(T_t+Y_t-C_t)\tag{4-8}$$

其中，E_t 表示数学期望值，θ 表示时间偏好率，C_t 表示 t 期消费，T_{t+1} 表示 $t+1$ 期的资产，T_t 表示 t 期的资产，Y_t 表示 t 期可支配劳动收入，r_t 表示利率。根据上述两式，可以推导出最优消费的欧拉方程为：

$$C_t=[r/(1+r)]\left[T_t+\sum_{k=0}^{\infty}(1+r)^{-k}E_tY_{t+k}\right]\tag{4-9}$$

式（4－9）表明第 t 期消费是当期资产及未来各期收入期望的贴现值。如果假设收入是一阶自回归过程，则可用当期资产（A_t）和当期收

入（Y_t）的函数来表示当期消费，即

$$C_t = \alpha A_t + \beta Y_t \tag{4-10}$$

由于利用实际统计数据资料建模过程中一般家庭资产存量指标难以统计，因此这里将式（4－10）转化为一般形式：

$$C_t = \alpha A_t + \beta Y_t + \varepsilon_t \tag{4-11}$$

式（4－11）中 A_t 可以表示为：

$$A_t = Y_{t-1} - (\alpha A_{t-1} + \beta Y_{t-1}) + A_{t-1} = Y_{t-1} - \beta Y_{t-1} + (1-\alpha) A_{t-1} \tag{4-12}$$

由式（4－10）可知：$C_{t-1} = \alpha A_{t-1} + \beta Y_{t-1}$，并对其加以变换，得到：

$$A_{t-1} = \frac{1}{\alpha} C_{t-1} - \frac{\beta}{\alpha} Y_{t-1} \tag{4-13}$$

将式（4－13）代入式（4－12），可以得到：

$$A_t = Y_{t-1} - \beta Y_{t-1} + \frac{1-\alpha}{\alpha} C_{t-1} - \frac{\beta\ (1-\alpha)}{\alpha} Y_{t-1} = \frac{1-\alpha}{\alpha} C_{t-1} + \frac{\alpha - \beta}{\alpha} Y_{t-1} \tag{4-14}$$

再将式（4－14）代入式（4－11），可以得到：

$$C_t = (1-\alpha) C_{t-1} + (\alpha - \beta) Y_{t-1} + \beta Y_t + \varepsilon_t \tag{4-15}$$

式（4－15）中 Y_{t-1}会导致模型存在多重共线性，因此加以去除，并引入常数项，可以得到以下计量模型：

$$C_t = \lambda_0 + \lambda_1 Y_t + \lambda_2 C_{t-1} + \varepsilon_t \tag{4-16}$$

这里可以采用两种不同的方法对上述计量模型进行检验。若缺乏可供利用的合乎要求的资产数据，则可以采用式（4－16）；若有可利用的资产数据，则可以采用下式进行估计：

$$C_t = \lambda_0 + \lambda_1 Y_t + \lambda_2 C_{t-1} + \lambda_3 A_t + \varepsilon_t \tag{4-17}$$

在 Modizliani 看来，式（4－17）更接近于生命周期假定，在此基础上，可以将居民资产细分为实物资产 W^h 和金融资产 W^s 这两类资产。这样一来，式（4－17）可以进一步转化为：

$$C_t = \rho_0 + \rho_1 Y_t + \rho_2 W_t^s + \rho_3 W_t^h + \eta_t \tag{4-18}$$

其中，Y_t 表示居民可支配收入。这里，居民金融资产指的是居民持有的以货币、银行存款、有价证券（包含股票和各类债券等）和保险储金等多种形态存在的有形财富。

以 LC－PIH 理论和 Gali 的（1990）关于房价、股价和收入三个宏观经济变量的共同趋势理论为基础，Ludwig 和 Slok（2004）采用面板误差

修正模型分析了世界经济合作与发展组织 16 个国家股票价格、住房价格与消费之间的关系。其基本理论模型为：

$$c_{t,i}=\alpha_{0i}+\alpha_{1i}y_{t,i}^{d}+\alpha_{2i}w_{t,i}^{sw}+\alpha_{3i}w_{t,i}^{hw}+\varepsilon_{t,i}$$

$$(i=1,\ 2,\ \cdots,\ N;\ t=1,\ 2,\ \cdots,\ T_i) \tag{4-19}$$

其中，$c_{t,i}$表示人均消费的对数，$y_{t,i}^{d}$表示人均可支配收入的对数，$w_{t,i}^{sw}$和 $w_{t,i}^{hw}$分别表示股票市场财富和人均住房财富的对数，i 和 t 分别表示不同国家和不同时期，$\varepsilon_{t,i}$是误差扰动项，反映未预料到的冲击对消费的影响。

短期来看，由于流动性约束、习惯变化和可调成本等变量的滞后一期是短期关系的重要决定因素，于是，上式的 ARDL（1，1，1，1）模型为：

$$\begin{aligned}c_{t,i}=&\delta_i+\beta_{10i}y_{t,i}^{d}+\beta_{11i}y_{t-1,i}^{d}+\beta_{20i}w_{t,i}^{sw}\\&+\beta_{21i}w_{t-1,i}^{sw}+\beta_{30i}w_{t,i}^{hw}+\beta_{31i}w_{t-1,i}^{hw}+\gamma_i c_{t-1,i}+\eta_{t,i}\end{aligned} \tag{4-20}$$

其中，误差项 $\eta_{t,i}$被假定在 t 时刻 i 个国家是独立分布的，但不同国家的方差则是不同的。横截面的误差项独立性假设是有限的，因为很难假定影响所有国家的冲击是同时进行的。上述方程可以转变为如下误差修正模型：

$$\begin{aligned}\Delta c_{t,i}=&\phi_i\ (c_{t-i,i}-\alpha_{0i}-\alpha_{1i}y_{t,i}^{d}-\alpha_{2i}w_{t,i}^{sw}-\alpha_{3i}w_{t,i}^{hw})\\&+\beta_{11i}\Delta y_{t,i}^{d}+\beta_{21i}\Delta w_{t,i}^{sw}+\beta_{31i}\Delta w_{t,i}^{hw}+\eta_{t,i}\end{aligned} \tag{4-21}$$

其中，Δ 代表一阶差分因子，且

$$\phi_i=-\ (1-\gamma_i),\ \alpha_{0i}=\frac{\delta_i}{1-\gamma_i},\ \alpha_{1i}=\frac{\beta_{10i}+\beta_{11i}}{1-\gamma_i},\ \alpha_{2i}=\frac{\beta_{20i}+\beta_{21i}}{1-\gamma_i},$$

$$\alpha_{3i}=\frac{\beta_{30i}+\beta_{31i}}{1-\gamma_i}$$

Ludwig 和 Slok 以上述模型为基准模型，建立了三个模型：第一个模型中不含有共同变量；第二个模型中含有共同变量，将人均 GDP 的对数形式作为共同变量引入模型；第三个模型中仍然含有共同变量，但是用股票市场的资本化收益代替股价指数，作为股票市场财富的衡量指标。

第三节　研究方法、模型建立与数据说明

一　研究方法

（一）全国时间序列数据

1. 时间序列的单位根检验与协整检验

若一个时间序列的自协方差函数或均值随着时间推移在不断改变，那

么这个序列就被认为是非平稳的时间序列。通常用来检验平稳性的方法有两种：DF 检验和 ADF 检验。在 DF 检验中，常常因为序列存在高阶滞后相关而破坏了随机扰动项是白噪声的假设，ADF 检验对此做了改进，并假设序列 y_t 服从 AR（p）过程，其检验方程为：

$$\nabla y_t = \gamma y_{t-1} + \xi_1 \nabla y_{t-1} + \xi_2 \nabla y_{t-2} + \cdots + \xi_{p-1} \nabla y_{t-p+1} + \varepsilon_t \tag{4-22}$$

其中，ε_t 是白噪声。检验假设为：$H_0:\gamma=0$，$H_1:\gamma<0$。在序列存在单位根的零假设下，对参数 γ 估计值的显著性检验 t 统计量不服从常规的 t 分布。在实际操作中，式（4－22）中的参数 p 视具体情况而定，一般选择能保证 ε_t 是白噪声的最小的 p 值。

若多个时间序列是同阶单整，并且存在一个平稳的线性组合，那么表明变量之间存在协整关系。协整过程是一种特殊的向量单位根过程，协整分析包含了对变量之间协整关系的检验和协整向量的估计。通常采用的协整分析方法有两种：E－G 两步法和 Johansen 系统分析法。E－G 两步法往往适用于两个变量之间协整关系检验，Johansen 系统分析法的用途则更为广泛。

2. 误差修正模型（ECM）

如果协整检验发现序列之间存在协整关系，那么可建立误差修正模型（ECM）。ECM 也称为 DHSY 模型，其基本形式最开始是 1978 年由 Davidson、Hendry、Srba 和 Yeo 四位学者共同提出来的。其基本模型为：

$$\nabla y_t = \beta_0 + \beta_1 \nabla x_t + \lambda ecm_{t-1} + \varepsilon_t \tag{4-23}$$

其中，ecm 为误差修正项。模型的意义可以通过 ADL（1，1）加以解释。ADL（1，1）模型如下：

$$y_t = \beta_0 + \beta_1 x_t + \beta_2 y_{t-1} + \beta_3 x_{t-1} + \varepsilon_t \tag{4-24}$$

移项后，整理可得：

$$\nabla y_t = \beta_0 + \beta_1 \nabla x_t - (1-\beta_2)\left[y_{t-1} - \frac{\beta_1+\beta_2}{1-\beta_2}x_{t-1}\right] + \varepsilon_t \tag{4-25}$$

上式即为误差修正模型的形式，其中 $y - \frac{\beta_1+\beta_2}{1-\beta_2}x$ 是误差修正项，即为式（4－23）中的 ecm。式（4－25）分析了因变量的短期波动 ∇y_t 取决于哪些因素：一是取决于自变量的短期波动 ∇x_t，二是取决于 ecm，它反映了变量在短期波动中偏离长期均衡关系的程度。

3. 向量自回归模型（VAR）

如果协整检验发现序列之间不存在协整关系，且原时间序列均为一阶单整序列，则可以建立 VAR 模型。其基本模型如下：

$$Y_t = \alpha + \sum_{i=1}^{p} \beta_i Y_{t-i} + U_t \tag{4-26}$$

其中，α 是截距项，Y_t是多变量时间序列的转置矩阵，β 代表系数矩阵，U_t 代表白噪声向量，i 表示滞后期。在应用过程中滞后期的选择尤为重要。滞后期越长，越能准确反映模型动态特征，但同时也要注意，滞后期越长，也意味着模型的待估参数越多，即自由度越小，所以必须在自由度和滞后期之间来加以权衡。

4. 脉冲响应函数与方差分解

对于 VAR 模型，一个值得关注的方面就是系统的动态特征，换言之，就是每个内生变量的变动对它自身和其他内生变量所产生的影响作用。而这可以通过脉冲响应函数来加以描述。某个内生变量的一个冲击不仅对自身有直接影响，而且还通过 VAR 的动态特征传导给模型中的其他内生变量，脉冲响应函数就力图反映这些影响，并说明模型中某一个变量的冲击如何通过模型来影响其他变量并最后反馈到自身的一个过程。

利用向量自回归模型（VAR），还可以进行方差分解来研究模型的动态特征，其基本思路是：将系统中每个内生变量（如若存在 m 个）的波动按照其成因分解成与各方程新息相关联的 m 个部分，从而了解新息对模型内生变量的相对重要性。

5. 格兰杰因果关系检验

由于 VAR 模型是非结构化的，且模型形式已被确定为线性形式，往往需要确定哪些变量之间有相互关系和相互作用，格兰杰因果检验通常用来分析序列之间是否存在着因果关系。具体来看，如果序列 x 是序列 y 的格兰杰原因，那么须满足以下两个条件：其一，序列 x 有助于预测序列 y，换言之，引入序列 x 的滞后期数值应该能够显著提高序列 y 被解释的程度；其二，序列 y 不应该有助于解释序列 x，原因在于，若序列 y 有助于预测序列 x，那么很可能存在其他因素，这些因素既是导致序列 x 变化的原因，也是导致序列 y 变化的原因。对于单变量的格兰杰因果检验，可以建立以下基本回归方程：

$$y_t = \alpha_0 + \alpha_1 y_{t-1} + \cdots + \alpha_k y_{t-k} + \beta_1 x_{t-1} + \cdots + \beta_k x_{t-k} \tag{4-27}$$

$$x_t = \alpha_0 + \alpha_1 x_{t-1} + \cdots + \alpha_k x_{t-k} + \beta_1 y_{t-1} + \cdots + \beta_k y_{t-k} \tag{4-28}$$

上式中，k 是最大的滞后期，通常取值可以稍大一些。该检验的原假设是：序列 x 不是序列 y 的格兰杰原因，即 $\beta_1=\beta_2=\cdots=\beta_k=0$。计量软件会计算出相应的 F 统计量和相伴概率。对于多变量情形来讲，Eviews 软件可以进行成对的格兰杰关系检验，即检验某个内生变量对目标变量而言是否能看作是外生的。

综上所述，对于全国时间序列数据，本书将首先进行单位根检验，如果时间序列是平稳的，则可以直接进行 OLS 回归。若时间序列是非平稳的，则将进行协整分析。时间序列经过协整检验后，如果存在协整关系，则可以建立误差修正模型（ECM）；反之，则可以建立向量自回归模型（VAR），并进行脉冲相应函数分析、方差分解及格兰杰因果关系分析。

（二）城市面板数据

对于多个城市的面板数据模型，本书将首先采用 LLC、IPS、ADF - Fisher 和 PP - Fisher 等方法对面板数据进行单位根检验。如果数据平稳，则可以直接建立固定效应模型或随机效应模型或混合模型，进行 OLS 回归；如果数据是非平稳的，则将采用 Pedroni 检验和 Kao 检验等方法进行面板协整检验来分析变量之间的长期均衡关系，最后采用面板 FMOLS 来分析变量之间的长期影响系数。具体研究方法参见第三章第二节。

二 模型建立与数据说明

国内外理论界对资产财富效应的研究一般是在 LC - PIH 框架下进行的。本书在这一框架下，以最优消费的欧拉方程即式（4 - 18）及 Ludwig 和 Slok 关于消费的误差修正模型即式（4 - 21）为理论基础，把住房财富和股票财富二者分开，在控制住股票财富条件下，本章将对全国及 14 个大中城市房价的财富效应进行实证检验和分析，并且构建如下计量模型：

$$C_{it}=\alpha_i+\beta_i Y_{it}+\lambda_i HP_{it}+\theta_i SP_{it}+\eta_i Z_{it}+\varepsilon_{it} \tag{4-29}$$

其中，C_{it}、Y_{it}、SP_{it}、HP_{it}、Z_{it} 分别表示第 t 期我国第 i 个城市的居民消费、居民个人收入、股票财富、住房财富和引入的控制变量。系数 β_i、θ_i、λ_i 则分别表示第 i 个城市居民收入的边际消费倾向、股票财富的边际消费倾向和住房财富的边际消费倾向。如果 λ_i、θ_i 为正，说明住房财富和股票财富对消费有正向影响，且系数越大，影响则越大，反之亦然。如果对全国时间序列进行分析，则式（4 - 29）不需要截面 i 的引入，只需考虑时间 t 的变化。

本章将采用全国及 14 个大中城市 2001—2012 年的季度数据，用城镇居民人均消费支出来表示居民消费（C），用城镇居民人均可支配收入来表示居民个人收入（Y），以城市住房销售价格指数来反映住房财富（HP），以上证综合收盘指数来反映股票财富（SP）。

原始数据来源于中国经济景气月报，并进行了相应的处理。其一，统计资料给出的各个城市的房屋销售价格指数是同比数据，而同比指数不能真实地刻画变量走势，所以这里将房屋销售价格指数转变成定基比数据，以 2001 年第一季度数据为基期；其二，为了剔除物价影响获得真实数据，这里将各个城市的 2001 年第一季度的居民消费价格指数作为定基比数据，然后对城镇居民人均消费和人均可支配收入两组原始数据进行平减；其三，为了去除异方差造成的影响，本章对所有的因变量和自变量都进行对数化处理，并分别记为 $\ln C_{it}$、$\ln Y_{it}$、$\ln HP_{it}$和 $\ln SP_{it}$。因此，本章采用的基本理论模型为：

$$\ln C_{it} = \alpha_i + \beta_i \ln Y_{it} + \lambda_i \ln HP_{it} + \theta_i \ln SP_{it} + \eta_i \ln Z_{it} + \varepsilon_{it} \tag{4-30}$$

第四节　实证检验结果与分析

一　基于时间序列数据的财富效应分析

根据式（4－30），在对全国住房价格财富效应分析时，由于住房价格受一定时期内社会通货膨胀、土地价格、房屋租金等因素的影响，因此，将三者作为控制变量引入模型，以居民消费价格指数反映社会通货膨胀（R），以土地交易价格指数（LP）代表土地价格，以房屋租赁价格指数（RP）代表房屋租金变动。因此，式（4－30）可以转变为：

$$\ln C_t = \alpha + \beta \ln Y_t + \lambda \ln HP_t + \theta \ln SP_t + \eta_1 \ln LP_t + \eta_2 \ln RP_t + \eta_3 \ln R_t + \varepsilon_t \tag{4-31}$$

对于全国时间序列数据，将先进行单位根检验，如果时间序列平稳，则直接进行 OLS 回归；如果时间序列非平稳，则进行协整检验。若存在协整关系，则建立误差修正模型（ECM）；反之，则建立向量自回归模型（VAR），并在此基础上进行脉冲相应函数分析、方差分解及格兰杰因果关系分析。

（一）单位根检验

常用的检验平稳性的方法是：DF 检验和 ADF 检验。由于 DF 检验中常常因为序列存在高阶滞后相关而破坏了随机扰动项是白噪声的假设，因此，这里将采用 ADF 检验。

表 4－1　　　　模型（4－31）各个变量的 ADF 检验结果

变量	检验类型（C，T）	ADF 检验值	变量	检验类型（C，T）	ADF 检验值
ln*C*	（C，0）	0. 695306 （0. 9905）	*D*ln*C*	（C，0）	－12. 67904 （0. 0000）
ln*Y*	（C，0）	－0. 378223 （0. 9029）	*D*ln*Y*	（C，0）	－3. 392802 （0. 0175）
ln*HP*	（C，T）	0. 511921 （0. 8216）	*D*ln*HP*	（C，T）	－5. 741318 （0. 0000）
ln*SP*	（C，T）	0. 005458 （0. 6787）	*D*ln*SP*	（C，T）	－3. 475901 （0. 0009）
ln*LP*	（C，T）	－1. 117933 （0. 5188）	*D*ln*LP*	（C，T）	－5. 286638 （0. 0000）
ln*RP*	（C，T）	－1. 076337 （0. 5965）	*D*ln*RP*	（C，T）	－4. 474202 （0. 0000）
ln*R*	（C，T）	0. 235558 （0. 7496）	*D*ln*R*	（C，T）	－4. 109371 （0. 0001）

注：①所有检验方法的原假设均为：存在单位根；②检验类型（C，T）表示单位根检验方程中含有常数项及时间趋势项；③ADF 检验值下方对应的括号内的数值是估计量的 p 值；④根据 SIC 标准来选取滞后阶数。

从表 4－1 可知，上述 7 个变量的原序列都含有单位根，不论是对于只包含常数项的模型，还是既包含常数项又包含时间趋势项的模型来讲，绝大多数检验方法都接受原假设，存在着单位根过程。所有变量的时间序列经过一阶差分后都拒绝了原假设，即不存在单位根过程。所以，这些变量的时间序列均是一阶单整。

（二）协整检验

通过上述单位根检验，发现各变量经过一阶差分后平稳，因此可以通过协整检验来考察变量间的长期均衡关系。本章采用迹检验（Johansen 检验）和最大特征值检验两种方法来进行协整检验。在进行协整检验之前，必须选择准确的滞后阶数。这里通过 AIC 准则和 SIC 准则将无约束的 VAR 模型的滞后阶数选择为 2。由于协整检验模型的滞后阶数就是无约束

VAR 模型的一阶差分变量的滞后阶数，因此，这里设定协整检验模型的滞后阶数为 1。

表 4 – 2　　模型（4 – 31）协整检验结果

原假设 H_0	迹检验			最大特征值检验			结论
	Trace	5% 临界值	*P* 值	*Max – Eigen*	5% 临界值	*P* 值	
r = 0	220.4851	125.6154	0.0000	129.5397	46.23162	0.0000	r = 1
r≤1	90.94536	95.75366	0.1023	28.33484	40.07757	0.5381	
r≤2	62.61052	69.81889	0.1641	26.16543	33.87687	0.3108	

注：r 表示协整向量的个数，*Trace* 和 *Max – Eigen* 分别表示迹检验统计量和最大特征值检验统计量。

通过 Johansen 协整检验可以看出，无论是迹检验还是最大特征值检验，均表明在 5% 显著性水平下拒绝原假设，认为序列之间存在一个协整方程，换言之，变量之间存在一个长期稳定的协调关系，具有共同的随机趋势，它们的线性组合具有向均衡收敛的趋势，即它们之间存在动态均衡机制。其标准化的协整方程系数为：

表 4 – 3　　模型（4 – 31）标准化后的协整方程系数估计值

变量	ln*C*	ln*Y*	ln*HP*	ln*SP*	ln*LP*	ln*RP*	ln*R*
协整系数	1.00000	–0.91351	–0.38248	–0.01300	0.18871	0.04184	–0.18915
估计值		(0.00810)	(0.12625)	(0.00660)	(0.05937)	(0.04350)	(0.13773)

注：括号内的数值表示标准差。

通过表 4 – 3 标准化后的协整方程中各个变量对应的系数可以发现，城镇居民人均可支配收入是影响消费的主要因素，且与消费呈正相关；住房价格波动影响居民消费的财富效应为正，弹性系数为 0.382478，这表明住房价格每上升 1%，居民人均消费支出就会增加约 0.382%，房价上涨对居民消费支出具有正向的财富效应；相比之下，股价变化对居民消费支出的影响相对较小，系数仅为 0.01300，即股票价格每上升 1%，居民人均消费支出仅会增加约 0.013%。可见，股票财富效应和住房财富效应虽然均为正，但住房价格波动对居民消费的影响更为显著，且要明显大于股价波动对居民消费的影响。

（三）误差修正模型

由于协整方程分析了变量之间的长期均衡关系，但是不能用来分析变量之间的短期动态关系，因此这里将采用向量误差修正模型（VECM）来解决这一问题。考虑到 VECM 模型是含有协整约束的向量自回归模型，所以，根据协整检验所确定的变量间无约束 VAR 模型滞后阶数为 2，可以将 VECM 模型滞后阶数确定为 1。因此，可建立如下模型：

$$DlnC_t = \alpha_0 + \alpha_1 DlnC_{t-1} + \alpha_2 DlnY_{t-1} + \alpha_3 DlnHP_{t-1} + \alpha_4 DlnSP_{t-1} + \alpha_5 DlnLP_{t-1} + \alpha_6 DlnRP_{t-1} + \alpha_7 DlnR_{t-1} + \alpha_8 vecm_{t-1} + u_t \quad (4-32)$$

其中，$vecm$ 表示协整方程中长期均衡误差修正项，u_t 为白噪声。利用 Eviews 6.0 软件，可以得到以下 VECM 模型估计结果：

表 4－4　　误差修正模型（4－32）估计结果

变量	$vecm_{t-1}$	$DlnC_{t-1}$	$DlnY_{t-1}$
误差修正系数估计值	－0.866521	0.899454	0.710781
	（－0.13142）	（0.10558）	（0.11653）
	[2.70368]	[2.93444]	[3.36952]
变量	$DlnHP_{t-1}$	$DlnSP_{t-1}$	$DlnLP_{t-1}$
误差修正系数估计值	0.263482	0.029181	－0.100376
	（0.13042）	（0.14854）	（0.14819）
	[3.45154]	[3.04119]	[－1.18651]
变量	$DlnRP_{t-1}$	$DlnR_{t-1}$	常数 α
误差修正系数估计值	－0.140302	0.429329	0.046683
	（0.12245）	（0.11592）	（0.06456）
	[－2.15210]	[1.01032]	[2.98612]

注：圆括号内的数值表示标准差，方括号内的数值表示 t 统计量。

从表 4－4 中可以看出，VECM 模型中 $vecm_{t-1}$ 系数显著为负，调整方向符合误差修正机制，因此可以自动调节变量之间的长期均衡关系。从 VECM 模型中各变量系数来看，短期内，住房价格波动对居民消费的影响呈正方向变动，系数为 0.263482，这表明住房价格每上升 1%，居民人均消费支出会增加约0.263%，房价上涨影响消费支出的财富效应显著为正；相比之下，股价变化对居民消费支出的影响相对较小，系数仅为0.029181，即股票价格每上升1%，居民人均消费支出仅会增加约0.029%。由此可见，住房财富效应和股票财富效应短期内虽然都为正，但住房价格波动对居民消费的影响更为显著，住房财富效应长期内更为明显。

二 基于面板数据的财富效应分析

根据式（4-30），在对我国14个大中城市住房价格财富效应分析时，由于住房价格受一定时期内社会通货膨胀、土地价格、房屋租金等因素的影响，因此，将三者作为控制变量引入模型，以居民消费价格指数反映社会通货膨胀（R），以土地交易价格指数（LP）代表土地价格，以房屋租赁价格指数（RP）代表房屋租金变动。由于14个城市的上证综合指数是相同的，因此，在建立面板模型时不将代表股票财富的上证综合指数纳入模型。这样一来，式（4-30）转变为：

$$\ln C_{it} = \alpha_i + \beta_i \ln Y_{it} + \lambda_i \ln HP_{it} + \eta_{1i} \ln LP_{it} + \eta_{2i} \ln RP_{it} + \eta_{3i} \ln R_{it} + \varepsilon_{it} \tag{4-33}$$

对于上述面板数据模型，本章将根据第三章第二节研究方法，首先对面板数据进行单位根检验；如果数据平稳，则直接建立固定效应模型或随机效应模型或混合模型，进行OLS回归；如果数据是非平稳的，则进行面板协整分析来研究变量之间的长期均衡关系，最后将采用面板FMOLS来分析变量之间的长期影响系数。

（一）面板单位根检验

为了增加面板单位根检验的稳健性和准确度，将同时采用IPS、LLC、PP-Fisher和ADF-Fisher四种方法对多个变量的原序列和一阶差分进行面板单位根检验，并综合考虑多个统计检验结果来判定这些序列是否平稳。利用软件Eviews 6.0进行检验的结果如表4-5所示。

表4-5 模型（4-33）各个变量的面板单位根检验

变量	LLC检验	IPS检验	ADF-Fisher检验	PP-Fisher检验
$\ln C$	1.57033	5.27088	7.03401	5.45111
	(0.9418)	(1.0000)	(1.0000)	(1.0000)
$\ln Y$	3.00676	6.77931	4.62377	5.54051
	(0.9987)	(1.0000)	(1.0000)	(1.0000)

续表

变量	LLC 检验	IPS 检验	ADF－Fisher 检验	PP－Fisher 检验
ln*HP*	2.46579	5.36133	7.9527	8.8170
	(0.5868)	(0.9935)	(1.0000)	(1.0000)
ln*LP*	1.98628	5.49882	7.31895	7.02459
	(0.8149)	(0.9813)	(1.0000)	(1.0000)
ln*RP*	1.9122	1.03179	35.4613	32.6971
	(0.9721)	(0.8317)	(0.2377)	(0.2016)
ln*R*	2.27103	6.36211	4.90228	5.29074
	(0.9884)	(1.0000)	(1.0000)	(1.0000)
*D*ln*C*	－14.5280	－25.1146	397.521	382.348
	(0.0000)	(0.0000)	(0.0000)	(0.0000)
*D*ln*Y*	－17.9194	－30.4201	361.340	376.777
	(0.0000)	(0.0000)	(0.0000)	(0.0000)
*D*ln*HP*	－10.4366	－11.0257	157.303	121.217
	(0.0000)	(0.0000)	(0.0000)	(0.0024)
*D*ln*LP*	－22.4971	－37.8018	321.822	365.491
	(0.0000)	(0.0000)	(0.0000)	(0.0000)
*D*ln*RP*	－3.73291	－4.65034	107.931	138.487
	(0.0000)	(0.0000)	(0.0000)	(0.0000)
*D*ln*R*	－7.23886	－16.1124	271.346	287.188
	(0.0000)	(0.0000)	(0.0000)	(0.0000)

注：①四种检验方法的原假设都为：原序列存在单位根；②括号内数值表示估计量的 p 值；③四种检验方法都采用了含有截距项的形式。

由表4－5可知，对于四种检验方法而言，所有变量的原序列均接受原假设，即认为原序列非平稳，存在着单位根。但经过一阶差分后，四种检验方法均在1%显著性水平下拒绝原假设，即一阶差分序列平稳。可见，所有变量的原序列都是非平稳的，并且存在一阶单位根过程。

（二）面板协整检验

面板单位根检验结果表明所有变量经过一阶差分后平稳，换言之，变量之间存在一阶单整，所以接着可以采用协整检验来分析变量间长期均衡关系。这里仍然采用 Pedroni 检验、Kao 检验、Johansen Fisher 检验等方法进行面板协整检验，分析的结果如表4－6所示。

表4-6 模型（4-33）面板协整检验结果

检验方法		所有变量
Pedroni 检验	Panel v	0.264205
		(0.3958)
	Panel rho	-4.610099***
		(0.0000)
	Panel PP	-7.053187***
		(0.0000)
	Panel AD	-8.571896***
		(0.0000)
	Group rho	-4.022706***
		(0.0000)
	Group PP	-9.002308***
		(0.0000)
	Group ADF	-10.37065***
		(0.0000)
Kao 检验		-10.79920***
		(0.0000)
Johansen Fisher		226.2***
		(0.0000)

注：①括号中的数值表示 p 值；②三种协整检验的原假设都为：不存在协整关系，在原假设下统计量服从渐近正态分布；③符号**、***分别表示在5%显著性水平和1%的显著性水平下拒绝原假设；④三种检验设定中均认为不存在时间趋势，Pedroni 检验和 Kao 检验均使用 SCI 标准来选择滞后阶数，Newey-west 窗宽选择使用的是 Bartlett 核函数。

从表4-6可以看出，上述三种检验方法除了 Pedroni 检验中 Panel v 统计量不能拒绝没有协整的零假设外，其他统计量及检验方法在1%显著性水平下均拒绝原假设，认为变量之间存在协整关系。

（三）面板 FMOLS 估计

在上述分析的基础上，本节将采用面板 FMOLS 方法来估算我国14个大中城市住房价格上涨影响居民消费的财富效应的协整方程，即刻画变量之间的长期稳定的均衡关系。式（4-33）中的 λ 描述了城市住房价格对居民消费的长期影响程度。运用软件 Winrats 7.0 进行编程处理得到的面板 FMOLS 估算结果如表4-7所示。

表 4-7　　房价财富效应的面板 FMOLS 系数估计结果

		β	λ	η_1	η_2	η_3
FMOLS 估算结果	北京	1.09***	0.36***	-0.58	-0.49***	1.87*
		(3.57)	(2.93)	(-1.58)	(-2.81)	(1.96)
	天津	0.88***	0.25***	-0.04	-0.24**	0.67*
		(6.88)	(3.12)	(-0.43)	(-2.29)	(1.77)
	上海	0.69***	0.48***	-0.06	-0.26***	1.92*
		(4.87)	(3.76)	(-0.24)	(-3.07)	(2.40)
	重庆	0.75***	0.18**	0.02	0.48	0.19
		(6.27)	(2.25)	(0.14)	(1.57)	(0.34)
	大连	0.64***	0.19	0.12	0.05	0.73*
		(5.13)	(1.00)	(1.42)	(0.28)	(1.90)
	南京	0.31***	1.13***	-0.16	-0.95***	1.01*
		(3.68)	(3.45)	(-0.75)	(-2.99)	(1.96)
	杭州	0.65***	1.07**	-0.08	-0.43	0.54**
		(3.26)	(2.23)	(-1.05)	(-1.09)	(2.29)
	厦门	0.56***	0.45	-0.63	-0.77	1.04*
		(3.40)	(0.42)	(-1.53)	(-1.11)	(1.98)
	青岛	0.99***	0.63***	0.29	-0.04	1.11**
		(8.06)	(3.09)	(1.48)	(-0.23)	(2.89)
	武汉	1.15***	0.30	0.27	0.79	1.21*
		(5.83)	(1.02)	(0.67)	(0.90)	(2.85)
	广州	0.36***	0.46***	-0.84***	-1.30**	1.93*
		(3.73)	(3.67)	(-2.98)	(-2.64)	(1.75)
	深圳	0.83***	0.31***	-0.36***	-1.05**	1.54*
		(7.76)	(3.15)	(-3.01)	(-2.47)	(1.85)
	成都	0.73***	0.87**	0.17	-0.09	0.38
		(4.47)	(2.48)	(1.37)	(-0.22)	(0.74)
	西安	0.68***	1.15***	0.17	-0.59	1.19
		(4.15)	(3.03)	(0.69)	(-1.40)	(1.30)
面板组 FMOLS 结果		0.71***	0.52***	-0.06	-0.27***	0.32***
		(12.79)	(3.87)	(-0.26)	(-2.96)	(3.26)

注：数值右上角的符号 *、**、*** 分别表示在 10%、5% 和 1% 的显著性水平下通过统计检验。

通过分析表4－7 FMOLS估算结果，可以发现：

收入对消费的影响（β）均在1%水平下显著，14个大中城市中影响最大的是武汉，系数为1.15，这说明收入每上升1%，消费则增加1.15%，接下来依次是北京、青岛、天津等城市，影响相对较小的是广州和南京，系数分别为0.36和0.31。

住房价格通过财富效应对消费的影响系数（λ）对于14个城市而言，除了大连、厦门和武汉三个城市外，其他城市均在1%或5%水平下显著，且二者呈正相关关系。其中，影响最为明显的是西安，系数为1.15，表明住房价格每上涨1%，居民消费增加1.15%，南京和杭州住房价格波动对消费也比较显著，分别为1.13和1.07，仅次于西安。14个大中城市中具有一线城市房价的几个城市的λ值均相对较小，北京、上海、广州、深圳四个城市系数分别为0.36、0.48、0.46和0.31，这些影响系数明显小于其他二线城市房价波动对居民消费的影响。

土地价格对消费的影响（η_1）除了重庆、大连、青岛、武汉、成都和西安六个城市外，其他八个城市地价和消费呈反方向变动。通过分析，不难发现，这六个城市均为二线城市，从2000年到2010年期间，这些城市的地价水平波动相对于一线城市而言较小，对城市居民消费的影响也相对较小。但14个城市中仅有广州和深圳两个城市的影响系数在1%水平显著，分别为－0.84和－0.36，其他城市影响均不显著，这说明城市的地价对消费产生的直接影响对于大多数城市来讲不明显，一般会通过地价对房价的传导进而作用于居民消费。

房屋租金对消费的影响（η_2）除了重庆、大连和武汉三个城市外，其他城市租金和消费呈反方向变动。其中，14个城市中影响最大的是广州，系数为－1.30，这表明，租金每上升1%，消费则下降1.30%。14个城市中仅有北京、天津、上海、南京、广州和深圳这六个城市房租和消费呈显著的负相关关系，其他城市影响系数均不显著。相比住房价格波动对居民消费的影响而言，房租对消费的影响相对较小。

通货膨胀对消费的影响（η_3）除了重庆、成都和西安三个城市外，其他城市二者均呈显著的正相关。其中，影响最大的城市为广州，系数为1.93，接下来依次是上海、北京、深圳等城市。可见，通货膨胀对一线城市居民消费的影响更为显著。

从14个城市面板组FMOLS结果来看，除了地价对消费的影响系数

η_1 不显著外，其他四个系数均显著，其中，房租和消费二者在1%水平下呈显著负相关，系数为 -0.27，即房租每上升1%，消费下降0.27%；收入、住房价格和通货膨胀对消费的影响均在1%水平下显著，系数分别为0.71、0.52和0.32。

通过上述实证检验和分析，可以得到以下基本结论：我国各大中城市房价与消费之间在长期内存在着稳定均衡的关系，而且这种长期均衡关系在不同城市之间存在较大的差异性。具体来看，厦门、大连和武汉这三个城市的房价上涨对居民消费影响不显著；而其他城市房价上涨对居民消费的影响系数均在1%或5%水平下显著，且二者呈正相关关系，其中，影响最为明显的是一些二线城市，如西安，其住房价格每上涨1%，居民消费增加1.15%，接下来依次是南京和杭州，分别为1.13和1.07。仔细分析，不难发现，14个大中城市中具有一线城市房价的几个城市如北京、上海、深圳和广州的 λ 值均相对较小，这些影响系数明显小于其他二线城市房价波动对居民消费的影响。通过对14个城市面板数据的分析，可以发现，城市住房价格上涨对居民消费影响存在显著的正的财富效应，即不同城市的住房价格上涨均会导致居民消费不同程度的显著增加。

三　小结

本章对住房价格影响消费的财富效应基本含义进行了界定以及国内关于财富效应的研究进行了综述，并在此基础上分析了住房价格财富效应的传导机制。同时，在LC－PIH框架下，以最优消费的欧拉方程和Ludwig和Slok关于消费的误差修正模型为理论基础，把住房财富和股票财富分开，建立计量经济模型，进而来分析和检验全国及14个大中城市的住房价格的财富效应。

在具体分析时，本章采用全国和14个大中城市2001—2012年的季度数据，以城镇居民人均消费支出来代表消费并作为因变量，以城镇居民人均可支配收入代表收入水平，以各城市住房销售价格指数来反映其住房财富，以上证综合收盘指数来反映股票财富，并将这些变量作为自变量引入模型。由于住房价格受一定时期内社会通货膨胀、土地价格、房屋租金等因素的影响，因此，将三者作为控制变量引入模型，并以居民消费价格指数反映社会通货膨胀，以土地交易价格指数代表土地价格，以房屋租赁价格指数表示房屋租金变动。

在此基础上，本章分别采用全国时间序列数据和14个城市面板数据来检验住房价格波动影响居民消费的财富效应。在对全国时间序列分析过程中，协整方程表明，住房价格和居民消费之间存在显著的正的长期均衡关系，即房价对居民消费影响的财富效应为正，相比之下，股票价格的波动对居民消费的影响则较小；向量误差修正模型分析表明，住房财富效应和股票财富效应短期内虽然都为正，但住房价格波动对居民消费的影响更为显著，住房财富效应长期内更为明显。通过对 14 个大中城市面板数据分析发现，我国各大中城市房价与消费之间长期内存在着稳定均衡的关系，而且这种长期均衡关系在不同城市之间存在着较大的差异性。具体来看，厦门、大连和武汉这三个城市房价上涨对居民消费影响不显著；而其他城市房价上涨对居民消费的影响系数均在 1% 或 5% 水平下显著，且二者呈正相关关系，其中，影响最为明显的是一些二线城市，如西安，接下来依次是南京和杭州。14 个大中城市中具有一线城市房价的几个城市如北京、上海、深圳和广州住房价格变动对消费的影响系数明显小于其他二线城市房价波动对居民消费的影响。总的来看，城市住房价格上涨对居民消费影响存在显著的正的财富效应，不同城市住房价格上涨均会导致居民消费不同程度的显著增加。

第五章　房价上涨影响居民消费的作用机制（二）：抵押信贷效应

上一章在 LC – PIH 框架下，以最优消费的欧拉方程和 Ludwig 和 Slok 关于消费的误差修正模型为理论基础，建立计量经济模型，分析和检验了全国及代表性城市的房价上涨的财富效应。上一章的分析是在两个基本假定条件下完成的：第一个假定条件是住房的流动性良好，交易成本较低而且很容易进行出售变现；第二个假定条件是房屋所有者的再融资不受约束，即不存在流动性约束。但是，这种近乎完美的理想状态是现实中不存在的，或者说现实生活往往是违背这些基本假定的。

房价上升可以通过放松流动性约束对消费产生一定的影响。因为住房是家庭的抵押品，而且是非常优质的抵押品，房价上涨使得住房的抵押价值提高，从而让具有流动性约束的家庭能够筹集到额外资金用于消费。在这种情况下，房价上涨导致对消费增长的促进作用并不是由财富效应所致，而是由于它能够使得有借贷约束的消费者在其整个生命周期内平滑其一生的消费。本章将对城市房价上涨影响居民消费的抵押信贷效应进行详细的理论分析和实证检验。

第一节　抵押信贷效应的理论分析

一　我国住房金融体系及基本特征

众所周知，我国的市场经济体系正处于逐步确立和不断完善之中，与此相适应，住房体制经过不断的改革和探索，我国业已建立了相对比较完善的住房金融体系，为住房市场持续健康稳定的发展提供了良好的金融服务与支持。

（一）我国住房金融体系及金融工具

1. 住房金融体系

我国目前住房金融体系主要由两大机构构成：一是全国性商业银行，它是商业性住房金融机构的主体。五大国有商业银行及各股份制商业银行均设立了房地产信贷部，开办住房专项贷款和住房按揭业务。商业银行把发放住房抵押贷款作为调整自己的资产结构的一种方法，目前，中国的住房抵押贷款大多由全国性商业银行发放。二是住房资金管理中心。上海1991年开始在全国范围内率先建立起住房公积金制度，1999年国务院相继通过《住房公积金管理条例》，这在一定程度上意味着住房公积金制度已然成为我国住房金融发展的重要成果。住房资金管理中心是由当地政府所领导的进行房地产融资和房改的机构。在现实运作过程中，房地产具体金融业务是委托给商业银行来办理的。其作用是使当地政府能够直接参与到房地产金融活动中，进而确保其政策性职能得到彻底贯彻。除商业银行和住房资金管理中心外，中国的住房金融体系中还有住宅合作社、1987年成立的烟台住房储蓄银行和蚌埠市住房储蓄银行两家专业性住房金融银行，但所起作用却不大，并且烟台住房储蓄银行已于2003年改制成为恒丰银行。

2. 住房金融工具

我国目前住房金融工具可以细分为三种：第一种工具是商业住房抵押贷款。为了应对亚洲金融危机对中国经济的冲击，刺激国内需求，1998年5月，中国人民银行颁布了《个人住房贷款管理办法》，允许商业银行开展个人住房贷款业务；1999年2月，中国人民银行颁发了《关于开展个人消费信贷指导意见》，放松对住房、汽车等消费贷款的最高限额。住房抵押贷款的额度、期限和利率根据中国人民银行有关规定和贷款银行的资金来源、成本及借款人的还款能力等因素确定。

第二种工具是政策性公积金贷款。1991年年初上海市出台《上海市住房制度改革实施方案》，率先在全国推行住房公积金制度。次年3月，国务院房改办、建设部和财政部联合发布《关于住房资金的筹集、使用和管理的暂行规定的通知》，该《通知》里正式提出要建立住房公积金制度。我们知道，商业住房抵押贷款的资金主要来源于商业银行吸收的存款，而住房公积金贷款与之有所不同，其资金来源主要是单位和职工个人共同缴存的公积金存款；商业住房抵押贷款是由商业银行自行发放，并自行承担相应风险，而住房公积金贷款则由公积金管理中心委托中国建设银行等商业银行代为发放；此外，住房公积金贷款属政策性贷款，贷款利率要明显低于商业住房抵押贷款。

第三种工具是公积金贷款和商业贷款的组合贷款。当公积金的贷款额度不能满足实际购房额度的要求时，可采用这两种工具的组合贷款。近些年来，随着城市房价的快速上涨和国家对公积金贷款额度的不断放宽，这种形式的组合贷款占有越来越大的比重。

（二）我国住房金融体系基本特征

总的来说，在银行主导型金融体系下，中国住房金融体系存在以下基本特征：第一，与英美等西方国家以专业性住房金融机构为主导的模式有所不同，我国基本上不存在专业性的住房金融机构，因此，住房抵押贷款主要由商业银行的部门分支机构来发放。第二，我国住房金融工具品种非常单一，缺乏金融工具创新。现阶段我国住房金融工具只有三种，即商业住房抵押贷款、公积金贷款及二者的组合贷款，此外，流动性较强的证券化产品的缺乏使得我国贷款利率比较高。第三，我国当前只有一级住房金融市场，二级住房金融市场还不存在，这体现了银行主导型金融体系国家的基本特征。我国住房抵押贷款的证券化始于2005年，目前还处于不断摸索和完善阶段。第四，我国住房抵押贷款期限较长，但额度却较低。目前来看，住房抵押贷款的最高额度为房款总额度的80%，这明显低于美国的90%和英国的90%—100%，但是期限却较长，最长可达到30年。

二　抵押信贷效应的理论分析

抵押信贷指的是抵押贷款人根据《担保法》规定的抵押方式，以借款人或者第三人的财产充当抵押物所发放的贷款。根据法律相关规定，可以充当抵押物的财产包括：抵押人依法取得的土地使用权、抵押人能够自主支配的房产、其他土地上的定着物和贷款人所认可的其他财产。贷款人和抵押人双方签订抵押合同之后，双方都必须严格按照相关规定办理抵押物登记等一些手续。从抵押物登记之日起抵押合同产生法律效力，一直到借款人把全部贷款本金和利息还清时合同终止。

住房是非常优质的抵押品，房价上涨提高了住房的抵押价值，它允许有流动性约束的家庭能够借到更多资金用于消费。所谓流动性约束，指的是经济活动的主体如居民由于其货币或资金量不足，很难从外部如银行筹到额外资金以达到其预想的消费量，进而造成经济系统中总需求不足的现象。在此情况下，房价上涨对消费增长的促进作用并不是由财富效应所致，而是源于它让有借贷约束的消费者能够在其整个生命周期中平滑其一生消费。房价上涨通过这一渠道作用于消费的机制称为抵押信贷效应。房价通过抵押效应渠道影响家庭消费的强弱程度取决于抵押借贷成本的高低和信贷市场的发达程度。

为了详细了解住房价格上涨影响居民消费影响的抵押信贷效应的具体作用机制，如本书第四章所述仍将采用无差异曲线和预算约束线来进行分析。模型假定：①市场上存在两种商品，即住房和其他一般商品，且住房价格变化，其他一般商品价格相对不变；②住房财富转化为消费需要一个长期的积累过程，假设居民房产数量不变；③房价上涨使得住房的抵押价值增加，它可以让具有流动性约束的家庭能够随时筹集到额外资金来用于消费。其基本模型如下：

$$\max U = U(C_h,\ C_g) \tag{5-1}$$

$$\text{s. t. } C_h P_h + C_g P_g = I \tag{5-2}$$

其中，C_h表示购买住房的消费，P_h表示住房销售价格，C_g表示除住房外其他一般商品的消费量，P_g为一般商品销售价格，I表示居民可支配收入。预算约束线的斜率为$-P_h/P_g$，纵截距为I/P_g，预算约束线的斜率与住房销售价格相关，截距与预算约束相关。根据上述两式，将结合图形进一步分析住房价格波动影响居民消费抵押信贷效应的具体作用机制。

对于住房所有者来说，房价上涨提高了住房的抵押价值，它允许有流动性约束的家庭随时能够通过提取家庭净值来筹集额外的资金，这意味着消费者通过住房抵押信贷这一渠道将预期自己比以往更加富有，因此会增加预算约束，增加消费。具体作用机制如图 5－1 所示。

图 5－1 中，纵轴 OC_g 表示一般商品消费量，横轴 OC_h表示住房消费量，根据以上模型假设在此为常数。住房价格未上涨之前，消费者预算约束线为 A_1B_1，对应的一般商品消费量为 C_g^1，住房消费量为 C_h^1。预算线纵截距为I/P_g，当住房价格上涨后，根据上述分析，I 值会逐渐增大，预算约束线由 A_1B_1 移动到 A_2B_2，与无差异曲线相切点由 a 移动至 b，对应的一般商品消费量由 C_g^1 上升为 C_g^2。由此可知，随着住房价格的不断上涨，住房所有者可支配收入会随之增加，预算约束也会相应扩大，进而会增加对一般商品的消费。这就是住房价格上涨对居民消费影响的抵押信贷效应的作用机制原理。

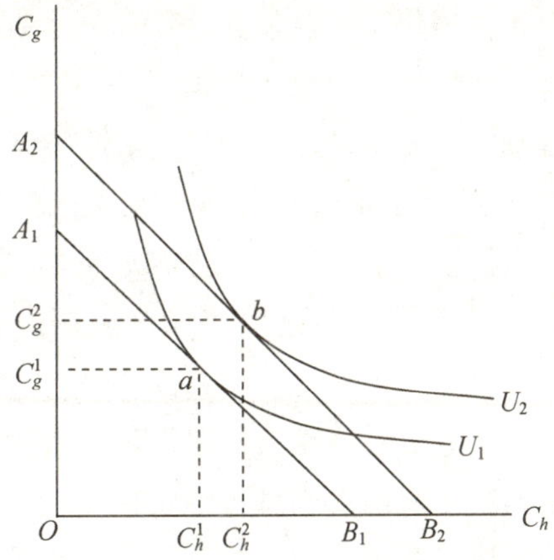

图 5－1　房价上涨影响居民消费的抵押信贷效应作用机制

在国外，较早地对住房价格影响居民消费的抵押信贷效应的作用机制进行分析的是 Iacoviello 和 College（2004）。他们将流动性约束作为解释变量引入模型，构建了一个含有流动性约束和非流动性约束两个消费群体的动态一般均衡模型，在此基础上推导出总量消费的欧拉方程，并估算出其结构参数。研究表明，消费的欧拉方程为住房价格的抵押信贷效应提供了强有力的依据和支撑，而这种效应源于两个方面的综合作用：一是欧拉方程中不可忽视的占总消费一定比例的存在流动性约束的消费者；二是通过借贷所产生的效应动态消费对抵押信贷具有较强的反应。

继 Iacoviello 和 College 之后，国外仍有一些学者对这一问题进行了深入研究和探讨。Lustig 和 Van Nieuwerburg（2005）采用美国 1952—2002 年 23 个城市关于收入和消费的面板数据进行分析，研究发现，住房抵押不发达的地区和阶段消费对收入反应更为敏感，该结论与住房是重要抵押品之一和居民受金融约束等假设是一致的，证实了房价通过资产负债表效应对居民消费的影响。Benito 和 Mumtaz（2006）以 1992—2002 年英国家庭定组调查数据为样本考察了英国家庭的消费行为，研究结果表明，20%—40% 的英国家庭由于流动性约束的存在或预防性储蓄而呈现出消费的过度敏感性，而住房资产既作为抵押也作为缓存可以平滑这部分群体的消费。所以，房价上涨可以在一定程度上减少这部分群体的流动性约束，从而使其消费增加。Iacoviello 和 Minetti（2008）采用欧洲一些国家的数据进行理论与实证分析，研究表明，随着总资产负债表状况的变动，家庭总借贷成本会发生变化，房价上涨会使得房屋所有者拥有的抵押价值有所增加，而这无疑会鼓励和促使其以资产增值抵押借款的形式借得更多，以此为其合意消费进行融资。Miller 等（2009）采用美国 379 个城市 1980—2008 年的季度面板数据进行实证分析，研究发现房价波动的抵押信贷效应远大于财富效应，而且，对于那些受到金融约束的家庭来讲，抵押信贷效应影响力度更大，相比之下，财富效应较为微弱，但总影响始终保持不变。

国内学者更多倾向于分析银行信贷约束对城市住房价格的影响，也有少数学者对房价上涨影响居民消费的抵押信贷机制进行了简单的定性分析和论述，鲜有学者采用样本数据对我国城市住房价格上涨影响消费的抵押信贷效应进行详细的实证检验和分析。

第二节　模型设定、变量选择与数据说明

一　抵押信贷效应的基本理论模型

Matteo Iacoviello 和 Boston College（2004）将流动性约束作为解释变量引入模型，构建了一个含有流动性约束和非流动性约束两个消费群体的动态一般均衡模型，在此基础上推导出总量消费的欧拉方程，并估算出其结构参数。Iacoviello 和 College 构造的总量消费的欧拉方程如下所示：

$$c_t = -\phi_1 l_t + \phi_2 q_t - \phi_3 E_t q_{t+1} + \phi_4 r_t + \phi_5 h_t \qquad (5-3)$$

其中，c_t 代表家庭消费，l_t 代表长期利率，q_t 代表流动性约束家庭的资产需求量，r_t 代表短期利率，h_t 代表家庭住房拥有量。

国内理论界对住房抵押信贷效应的研究一般是在最优消费的欧拉方程框架下进行的。本书在这一框架下，借鉴 Iacoviello 和 College（2004）经典模型即式（2-23），建立如下计量经济模型来分析和检验全国及 14 个大中城市的住房抵押信贷效应：

$$C_{it} = \alpha_i + \beta_i Y_{it} + \lambda_i HM_{it} + \eta_i Z_{it} + \varepsilon_{it} \qquad (5-4)$$

其中，C_{it}、Y_{it}、HM_{it}分别表示第 t 期我国第 i 个城市的居民消费水平、居民个人收入水平和住房抵押信贷财富。系数 β_i、λ_i 分别表示第 i 个城市居民个人收入的边际消费倾向和住房抵押信贷财富的边际消费倾向。如果

λ_i 为正，说明住房抵押信贷对消费有正向影响，且系数越大，影响则越大，反之亦然。Z_{it}是引入的一组控制变量，它包含房屋租金 RP、地价 LP 和通货膨胀 R。如果对全国时间序列进行分析，则式（5－4）不需要截面 i 的引入，只需考虑时间 t 的变化。

二　变量选择与数据说明

本章将采用全国和 14 个大中城市 2001—2012 年的季度数据，以城镇居民人均消费支出表示消费（C）并作为因变量引入模型，以城镇居民人均可支配收入代表收入水平（Y），银行住房抵押信贷额代表住房抵押信贷财富（HM），房屋租赁价格指数（RP）代表房屋租金的变动，土地交易价格指数（LP）代表土地价格；居民消费价格指数反映社会通货膨胀（R）。

原始数据来源于中国经济景气月报与中国人民银行统计季报，并进行了相应计算和处理。首先，房屋租赁价格指数和土地交易价格指数是同比数据，不能刻画其真实走势，鉴于此，本章将把这两组数据转换成以 2001 年第一季度数据为 100 的定基比数据；其次，为了剔除物价影响获得真实数据，这里将各个城市的 2001 年第一季度的居民消费价格指数作为定基比数据，然后对城镇居民人均消费和人均可支配收入两组原始数据进行平减；此外，为了去除异方差造成的影响，本章对所有的因变量和自变量都进行对数化处理。因此，本章采用的基本理论模型为：

$$\ln C_{it} = \alpha_i + \beta_i \ln Y_{it} + \lambda_i \ln HM_{it} + \eta_{1i} \ln RP_{it} + \eta_{2i} \ln LP_{it} + \eta_{3i} R_{it} + \varepsilon_{it} \quad (5-5)$$

第三节　实证检验结果与分析

一　基于时间序列数据的抵押信贷效应分析

根据式（5－5），在对全国住房价格财富效应分析时，由于不需要截面 i 的引入，只需考虑时间 t 的变化。因此，基本理论模型为：

$$\ln C_t = \alpha + \beta \ln Y_t + \lambda \ln HM_t + \eta_1 \ln RP_t + \eta_2 \ln LP_t + \eta_3 R_t + \varepsilon_t \quad (5-6)$$

根据前面章节所介绍的研究方法，对于全国时间序列数据，将先进行单位根检验，若时间序列平稳，则可以直接进行 OLS 回归；反之，若时间序列非平稳，则进行协整检验。若存在协整关系，则建立误差修正模型（ECM）；反之，则建立向量自回归模型（VAR），并在此基础上进行脉冲相应函数分析、方差分解及格兰杰因果关系分析。

（一）单位根检验

常用的检验平稳性的方法是：DF 检验和 ADF 检验。由于 DF 检验中常常因为序列存在高阶滞后相关而破坏了随机扰动项是白噪声的假设，因此，这里将采用 ADF 检验。

表 5－1　　模型（5－6）各个变量的 ADF 检验结果

变量	检验类型（C，T）	ADF 检验值	变量	检验类型（C，T）	ADF 检验值
ln*C*	（C，0）	0.695306 （0.9905）	DlnC	（C，0）	－12.67904 （0.0000）
ln*Y*	（C，0）	－0.378223 （0.9029）	DlnY	（C，0）	－3.392802 （0.0175）
ln*HM*	（C，0）	－1.522864 （0.6124）	Dln*HM*	（*C*，0）	－5.723418 （0.0001）
ln*RP*	（C，T）	－1.076337 （0.5965）	Dln*RP*	（C，T）	－4.474202 （0.0000）
ln*LP*	（C，T）	－1.117933 （0.5188）	Dln*LP*	（C，T）	－5.286638 （0.0000）
ln*R*	（C，T）	0.235558 （0.7496）	Dln*R*	（C，T）	－4.109371 （0.0001）

注：①检验类型（C，T）表示单位根检验方程中含有常数项和时间趋势项；②所有检验方法的原假设均为存在单位根过程；③ADF 检验值下方对应的括号内的数值是估计量的 p 值；④滞后阶数的选取是根据 SIC 标准。

从表 5－1 可以看出，所有变量的原序列都含有单位根过程，不论是对于只包含常数项的模型，还是既包含常数项又包含时间趋势项的模型来讲，绝大多数检验方法都接受原假设，存在着单位根过程。所有变量的时间序列经过一阶差分后都拒绝了原假设，即不存在单位根过程。所以，这些变量的时间序列均是一阶单整。

（二）协整检验

单位根检验表明，各个变量的时间序列经过一阶差分后平稳，接下来将通过协整检验来分析变量间的长期均衡关系。本章采用迹检验（Johansen 检验）和最大特征值检验两种方法来进行协整检验。在进行协整检验之前，必须选择准确的滞后阶数。这里通过 AIC 准则和 SIC 准则确定无约束向量自回归模型（VAR）的滞后期均为 2 期。由于协整模型的滞后期为无约束向量自回归模型一阶差分变量的滞后期，所以，这里可以将协整模型的滞后期设定为 1。

表 5 – 2　　　　　　　　模型（5 – 6）协整检验结果

原假设 H_0	迹检验			最大特征值检验			结论
	Trace	5%临界值	P 值	*Max – Eigen*	5%临界值	P 值	
r = 0	179.7791	95.75366	0.0000	114.1707	40.07757	0.0000	r = 1
r≤1	65.60844	69.81889	0.1035	25.72306	33.87687	0.3379	
r≤2	39.88538	47.85613	0.2266	16.49334	27.58434	0.6236	

注：*r* 表示协整向量的个数，*Trace* 和 *Max – Eigen* 分别表示迹检验统计量和最大特征值检验统计量。

协整检验结果表明，无论是迹检验抑或是最大特征值检验两种检验方法都在 5% 的显著性水平下拒绝原假设，都认为变量之间存在一个协整方程，换言之，变量之间存在一个长期稳定的协调关系，具有共同的随机趋势，它们的线性组合具有向均衡收敛的趋势，即它们之间存在动态均衡机制。其标准化协整方程系数如表 5 – 3 所示。

表 5 – 3　　　　模型（5 – 6）标准化后的协整方程系数估计值

变量	ln*C*	ln*Y*	ln*HM*	ln*RP*	ln*LP*	ln*R*
协整系数估计值	1.000000	–0.920066 (0.01297)	–0.103446 (0.01743)	0.084446 (0.04979)	0.106481 (0.05115)	–0.105512 (0.11562)

注：括号内的数值表示标准差。

通过表 5 – 3 标准化后的协整方程中各个变量对应的系数可以发现，城镇居民人均可支配收入是影响消费的主要因素，且与消费呈正相关关系；住房价格波动影响居民消费的抵押信贷效应为正，弹性系数为 0.103446，这表明住房价格每上升 1%，居民人均消费支出就会增加约 0.103%，房价上涨对居民消费有正向抵押信贷效应；与前一章房价波动的财富效应和股票财富效应相比，房价财富效应要明显大于房价对居民消费的抵押信贷效应，而股票财富效应则小于抵押信贷效应。上一章实证分析结论表明，住房价格的波动对居民消费的影响系数为0.382478，即房价每上升1%，居民人均消费支出仅会增加约0.382%，而股票价格的波动对居民消费的影响系数仅为0.01300。可见，从长期来看，我国城市住房价格上涨影响居民消费的抵押信贷效应介于房价财富效应和股价财富效应之间。

（三）误差修正模型

由于协整方程分析了变量之间存在的长期均衡关系，而不能反映变量之间的短期动态关系，因此这里将采用向量误差修正模型（VECM）来解决这一问题。考虑到向量误差修正模型（VECM）是含有协整约束的向量自回归模型，所以，根据协整检验所确定的变量间无约束向量自回归模型的滞后期为2，可以将VECM模型滞后期设定为1。因此，可建立如下模型：

$$DlnC_t = \alpha_0 + \alpha_1 DlnC_{t-1} + \alpha_2 DlnY_{t-1} + \alpha_3 lnHM_{t-1} + \alpha_4 DlnLP_{t-1} + \alpha_5 DlnRP_{t-1} + \alpha_6 DlnR_{t-1} + \alpha_7 vecm_{t-1} + u_t \quad (5-7)$$

其中，*vecm* 代表协整方程中的长期均衡误差修正项，u_t 代表白噪声。利用软件 Eviews 6.0，可以得到以下VECM模型估计结果：

表5-4　误差修正模型（5-7）估计结果

变量	误差修正系数估计值	变量	误差修正系数估计值
$vecm_{t-1}$	-0.447746 (0.14720) [-2.78566]	$DlnRP_{t-1}$	-0.180646 (0.10640) [-1.75896]
$DlnC_{t-1}$	0.772608 (0.12827) [5-66371]	$DlnLP_{t-1}$	-0.078846 (0.11562) [-1.20659]
$DlnY_{t-1}$	0.602820 (0.09246) [3.35363]	$DlnR_{t-1}$	0.326238 (0.12805) [1.24983]
$DlnHM_{t-1}$	0.066516 (0.10223) [3.04228]	常数 α_0	0.044318 (0.05017) [4.01285]

注：圆括号内的数值表示标准差，方括号内的数值表示 t 统计量。

从表5-4中可以看出，VECM模型中的$vecm_{t-1}$系数显著为负，这表明调整方向符合误差修正机制，所以能够自动调节变量之间的长期均衡关系。从VECM模型中各个变量的系数来分析，短期内，住房价格波动通过抵押信贷机制对居民消费的影响呈正方向变动，系数为0.066516，这表明住房价格每上升1%，居民人均消费支出会增加约0.067%，房价上涨影响居民消费的抵押信贷效应为正；与上一章实证分析结论相比，住房价格的波动对居民消费影响的财富效应则更为明显，系数为0.263482，即住房价格每上升1%，居民人均消费支出仅会增加约0.263%，而股票价格的波动对居民消费的影响则最小，系数仅为0.029181。由此可见，短期内，住房财富效应和抵押信贷效应虽然都为正，但财富效应的影响则更为显著；而且，短期内住房价格波动影响居民消费的财富效应和抵押信贷效应均小于长期效应。

二　基于面板数据的抵押信贷效应分析

根据式（5-5），在对我国14个大中城市住房价格财富效应分析时，由于14个城市的上证综合指数是相同的，因此，在建立面板模型时不将代表股票财富的上证综合指数纳入模型式。这样一来，式（5-5）转变为：

$$\ln C_{it} = \alpha_i + \beta_i \ln Y_{it} + \lambda_i \ln HM_{it} + \eta_{1i} \ln RP_{it} + \eta_{2i} \ln LP_{it} + \eta_{3i} R_{it} + \varepsilon_{it} \quad (5-8)$$

对于上述面板数据模型，本章首先对面板数据进行单位根检验；如果数据平稳，则直接建立固定效应模型、随机效应模型或混合模型，进行OLS回归；如果数据是非平稳的，则采用面板协整分析来考察变量之间的长期均衡关系，最后将使用面板FMOLS来分析变量之间的长期影响系数。

（一）面板单位根检验

为了增强面板单位根检验的准确度和稳健性，这里将综合使用IPS、LLC、PP-Fisher和ADF-Fisher四种方法对多个变量的原始序列和一阶差分进行面板单位根检验，并结合多种检验结果来判断这些序列是否平稳。利用软件Eviews 6.0进行检验的结果如表5-5所示。

表5-5　　模型（5-8）各个变量的面板单位根检验

变量	LLC检验	IPS检验	ADF-Fisher检验	PP - Fisher检验
lnC	1.57033 (0.9418)	5.27088 (1.0000)	7.03401 (1.0000)	5.45111 (1.0000)

续表

变量	LLC 检验	IPS 检验	ADF - Fisher 检验	PP - Fisher 检验
ln*Y*	3. 00676 (0. 9987)	6. 77931 (1. 0000)	4. 62377 (1. 0000)	5. 54051 (1. 0000)
ln*HM*	2. 09764 (0. 8136)	5. 84712 (0. 9648)	6. 12147 (1. 0000)	7. 30219 (1. 0000)
ln*LP*	1. 98628 (0. 8149)	5. 49882 (0. 9813)	7. 31895 (1. 0000)	7. 02459 (1. 0000)
ln*RP*	1. 9122 (0. 9721)	1. 03179 (0. 8317)	35. 4613 (0. 2377)	32. 6971 (0. 2016)
ln*R*	2. 27103 (0. 9884)	6. 36211 (1. 0000)	4. 90228 (1. 0000)	5. 29074 (1. 0000)
*D*ln*C*	-14. 5280 (0. 0000)	-25. 1146 (0. 0000)	397. 521 (0. 0000)	382. 348 (0. 0000)
*D*ln*Y*	-17. 9194 (0. 0000)	-30. 4201 (0. 0000)	361. 340 (0. 0000)	376. 777 (0. 0000)
Dln*HM*	-9. 82433 (0. 0000)	-13. 1745 (0. 0000)	225. 208 (0. 0000)	311. 136 (0. 0000)
DlnLP	-22. 4971 (0. 0000)	-37. 8018 (0. 0000)	321. 822 (0. 0000)	365. 491 (0. 0000)
Dln*RP*	-3. 73291 (0. 0000)	-4. 65034 (0. 0000)	107. 931 (0. 0000)	138. 487 (0. 0000)
*D*ln*R*	-7. 23886 (0. 0000)	-16. 1124 (0. 0000)	271. 346 (0. 0000)	287. 188 (0. 0000)

注：①四种检验方法的原假设均为：原序列存在单位根过程；②括号内数值表示估计量的 *p* 值；③四种检验方法采用了含有截距项的形式。

由表 5-5 可知，对于四种检验方法来讲，所有变量的原序列均接受原假设，即认为原序列非平稳，存在单位根过程。但经过一阶差分后，四种检验方法均在 1% 的显著性水平下拒绝原假设，即一阶差分后序列平稳。所以，这些变量的时间序列均是非平稳的，并且存在着一阶单位根。

（二）面板协整检验

面板单位根检验结果表明，所有变量的原序列经过一阶差分后平稳，即认为变量之间存在一阶单整，所以接着可以通过协整检验来分析变量之间的长期均衡关系。这里仍然采用 Pedroni 检验、Kao 检验、Johansen Fisher 检验等方法进行面板协整检验，分析的结果如表 5－6 所示。

表 5－6 模型（5－8）面板协整检验结果

检验方法		所有变量
Pedroni 检验	Panel v	－0.533070 (0.9569)
	Panel rho	－2.998180*** (0.0011)
	Panel PP	－6.508397*** (0.0000)
	Panel AD	－7.726617*** (0.0000)
	Group rho	－3.273011*** (0.0015)
	Group PP	－8.740531*** (0.0000)
	Group ADF	－8.776560*** (0.0000)
Kao 检验		－9.949238*** (0.0000)
Johansen Fisher		103.8*** (0.0000)

注：①括号中的数值表示 p 值；②数值右上角上的符号 *** 表示在 1% 的显著性水平下拒绝原假设；③三种协整检验方法的零假设都为：不存在协整关系，在零假设下统计量服从正态分布；④在三种检验方法的设定中，都认为时间趋势不存在，Kao 检验和 Pedroni 检验二者都采用 SCI 标准来选择滞后期。

从表 5－6 可以看出，上述三种检验方法除了 Pedroni 检验中 Panel v 统计量不能拒绝没有协整的零假设外，其他统计量及检验方法在 1% 显著性水平下均拒绝原假设，认为变量之间存在协整关系。

（三）面板 FMOLS 估计

在上述分析的基础上，本节采用面板 FMOLS 方法估算我国 14 个大中城市住房价格上涨影响居民消费的抵押信贷效应的协整方程，即刻画变量之间的长期稳定的均衡关系。式（5－8）中的 λ 描述了城市住房价格通过抵押信贷效应对居民消费的长期影响程度。利用软件 Winrats 7.0 进行编程处理得到的面板 FMOLS 估算结果如表 5－7 所示。

表 5-7　　房价抵押信贷效应的面板 FMOLS 系数估计结果

	地区	β	λ	λ'	η_1	η_2	η_3
FMOLS 估算结果	北京	1.06*** (3.63)	0.35*** (3.86)	0.36*** (2.93)	-0.44* (-1.96)	-0.49 (-1.43)	1.33** (2.80)
	天津	0.86*** (6.48)	0.01 (0.37)	0.25*** (3.12)	-0.23 (-1.15)	0.01 (0.14)	1.03*** (3.26)
	上海	0.47*** (2.83)	0.41*** (5.87)	0.48*** (3.76)	-0.80* (-1.95)	-0.33 (-2.23)	1.87** (2.57)
	重庆	0.81*** (6.32)	0.13 (1.40)	0.18** (2.25)	0.54 (1.26)	-0.02 (-0.03)	-0.77 (-1.20)
	大连	0.64*** (5.10)	0.02 (0.64)	0.19 (1.00)	0.14 (0.60)	0.12 (1.40)	1.31* (1.95)
	南京	0.33*** (3.78)	0.01 (0.05)	1.13*** (3.45)	-0.96** (-2.76)	0.15 (0.66)	1.22** (2.34)
	杭州	0.36** (2.07)	0.01 (0.12)	1.07** (2.23)	-0.58 (-1.42)	-0.07 (-0.87)	0.52** (2.27)
	厦门	1.04*** (3.62)	0.11 (1.14)	0.45 (0.42)	-0.09 (-0.16)	0.19 (0.61)	1.01* (1.96)
	青岛	1.02*** (9.26)	0.04 (1.04)	0.63*** (3.09)	-0.03 (-0.22)	0.25 (1.47)	1.14** (2.90)
	武汉	1.03*** (5.19)	0.01 (0.04)	0.30 (1.02)	0.79 (0.88)	-0.29 (-0.66)	1.36** (2.90)
	广州	0.18** (2.14)	0.32*** (2.98)	0.46*** (3.67)	-1.25** (-2.08)	-0.62** (-2.94)	1.47*** (3.25)
	深圳	0.99*** (10.16)	0.24*** (3.02)	0.31*** (3.15)	-1.02** (-2.25)	-0.26** (-2.73)	1.36** (2.72)
	成都	0.73*** (4.41)	0.04 (0.60)	0.87** (2.48)	-0.08 (-0.19)	0.17 (1.35)	-0.38 (-0.72)
	西安	0.71*** (4.36)	0.12 (0.61)	1.15*** (3.03)	-0.34 (-0.76)	-0.10 (-0.41)	-1.24 (-1.48)
面板组 FMOLS 结果		0.68*** (10.81)	0.06** (2.58)	0.52*** (3.87)	-0.07 (-0.11)	-0.07 (-0.97)	0.29** (2.53)

注：*、**、*** 分别表示在 10%、5%、1% 的显著性水平下通过统计检验。而 λ' 则表示上一章住房价格波动通过财富效应对消费的影响系数，为了与抵押信贷效应进行比较分析，将其置于同一表格中。

通过分析表 5 - 7 FMOLS 估算结果，可以发现：

收入对消费的影响（β）除杭州和广州外均在 1% 水平下显著，14 个大中城市中影响最大的是北京，系数为 1.06，这说明收入每上升 1%，消费则增加 1.06%，接下来依次是厦门、武汉和青岛等城市，影响相对较小的是南京和广州，系数分别为 0.33 和 0.18。

住房价格通过抵押信贷效应机制对消费的影响系数（λ）只有北京、上海、广州和深圳四个一线城市在 1% 水平下呈显著的正相关关系，其中影响最大的是上海，系数为 0.41，这表明上海房价每上升 1%，通过抵押信贷效应会导致居民消费增长 0.41%，接下来，依次是北京、广州、深圳，系数分别为 0.35、0.32 和 0.24。虽然其他城市房价波动影响居民消费的抵押信贷效应为正，但均不显著，且有七个城市的影响系数仅在 0.01—0.04 之间，可见，我国除了一些一线城市外，其他城市房价影响居民消费的抵押信贷效应非常微小。

上一章实证分析结论表明，住房价格通过财富效应对消费的影响系数（λ'）对于 14 个城市而言，除了大连、厦门和武汉三个城市外，其他城市均在 1% 或 5% 水平下显著，且二者呈正相关关系。其中，影响最为明显的是西安，系数为 1.15，表明住房价格每上涨 1%，居民消费增加 1.15%，南京和杭州住房价格波动对消费也比较显著，分别为 1.13 和 1.07，仅次于西安。14 个大中城市中具有一线城市房价的几个城市 λ 值均相对较小，北京、上海、广州、深圳四个城市系数分别为 0.36、0.48、0.46 和 0.31，这些影响系数明显小于其他二线城市房价波动对居民消费的影响。相比房价波动影响居民消费的抵押效应而言，房价波动的财富效应则更为显著。

房屋租金对消费的影响（η_1）除了重庆、大连和武汉三个城市外，其他城市租金和消费呈反方向变动。其中，14 个城市中影响最大的是广州，系数为 -1.25，这表明，广州租金每上升 1%，消费则下降 1.25%。14 个城市中仅有北京、上海、南京、广州和深圳五个城市房租和消费呈显著的负相关关系，其他城市影响系数均不显著。相比住房价格波动对居民消费的影响而言，房租对消费所产生的影响则相对较小。

土地交易价格对消费的影响（η_2）仅有广州和深圳两个城市的影响系数在 5% 水平下呈显著的负相关关系，分别为 -0.62 和 -0.26，其他城市影响均不显著，这说明城市地价变动对消费产生的直接影响对大多数城市来讲不明显，一般会通过地价对房价的传导进而作用于居民消费。

通货膨胀对消费的影响（η_3）除了重庆、成都和西安三个城市外，其他城市二者均呈显著的正相关关系。其中，影响最大的城市分别为上海，系数为1.87，接下来依次是广州、深圳和北京等城市。可见，通货膨胀对一线城市居民消费的影响更为显著。

从14个城市面板组FMOLS结果来看，除了房租和地价对消费的影响系数不显著外，其他四个系数均显著。其中，房价波动影响居民消费的抵押信贷效应和财富效应系数分别为0.06和0.52。这表明，房价波动影响居民消费的财富效应明显大于抵押信贷效应。

通过上述实证检验和分析，可以得到以下基本结论：长期来看，我国各大中城市的房价与消费之间存在着稳定均衡的关系，并且这种关系在各城市间表现出较大的差异性。具体来说，住房价格通过抵押信贷效应机制对消费的影响只有北京、上海、广州和深圳四个一线城市在1%水平下呈显著的正相关关系，其中影响最大的是上海，接下来依次是北京、广州、深圳。虽然其他城市房价波动影响居民消费的抵押信贷效应为正，但均不显著，且有七个城市的影响系数仅在0.01—0.04之间。

与上一章实证分析结论相比，住房价格通过财富效应机制对消费的影响除了大连、厦门和武汉三个城市外，其他城市均在1%或5%水平下显著，且二者呈正相关关系。其中，影响最为明显的是西安，其次是南京和杭州。14个大中城市中具有一线城市房价的几个城市如北京、上海、广州、深圳的财富效应系数值均相对较小，且明显小于其他二线城市房价波动对居民消费的影响。由此可见，房价波动通过抵押信贷效应对居民消费产生的影响在北京、上海等一线城市表现更为显著，且呈正相关，而房价波动通过财富效应对居民消费产生的影响在一线城市的表现不及二线城市显著。

三 小结

本章对我国住房金融体系及其基本特征和住房价格影响消费的抵押信贷效应基本含义进行了界定，并在此基础上分析了住房价格抵押信贷效应的传导机制。同时，在最优消费的欧拉方程框架下，借鉴Iacoviello和College经典模型，建立计量经济模型分析和检验了全国及14个大中城市的住房抵押信贷效应。

本章采用全国和14个大中城市2001—2012年的季度数据，以城镇居民人均消费支出表示消费并作为因变量引入模型，以城镇居民人均可支配收入代表收入水平，银行住房抵押信贷额代表住房抵押信贷财富，并引入一组控制变量作为自变量同时引入模型，引入的控制变量包含房屋租金、地价和通货膨胀，并以房屋租赁价格指数代表房屋租金的变动，土地交易价格指数代表土地价格，居民消费价格指数反映社会通货膨胀。

在此基础上，本章分别采用全国时间序列数据和 14 个城市面板数据来检验住房价格波动影响居民消费的抵押信贷效应，并将其与房价财富效应和股票财富效应进行了比较分析。全国时间序列分析的协整方程表明，城镇居民人均可支配收入是影响消费的主要因素，且与消费呈正相关关系；房价上涨对居民消费有正向抵押信贷效应；相比之下，虽然房价波动的财富效应和股票财富效应均为正，但房价财富效应要明显大于房价对居民消费的抵押信贷效应和股票财富效应。因此，从长期来看，我国城市住房价格上涨影响居民消费的抵押信贷效应介于股票财富效应与住房财富效应之间。向量误差修正模型（VECM）分析结论表明，短期内，住房价格波动通过抵押信贷机制对居民消费的影响呈正方向变动；相比之下，住房价格波动影响居民消费的财富效应表现得更为明显，而股价变动对居民消费的影响则最小。因此，短期内住房财富效应和抵押信贷效应虽都为正，但财富效应的影响则更为显著；而且，短期内住房价格波动影响居民消费的财富效应和抵押信贷效应均小于长期效应。

通过对 14 个大中城市面板数据分析发现，长期来看，我国各大中城市房价与消费之间存在着稳定均衡的关系，并且这种关系在各个城市间表现出较大的差异性。具体来讲，住房价格通过抵押信贷效应机制对消费的影响只有北京、上海、广州和深圳四个一线城市在 1% 水平下呈显著的正相关关系，其中影响最大的是上海，接下来依次是北京、广州、深圳。虽然其他城市房价波动影响居民消费的抵押信贷效应为正，但均不显著，且有七个城市的影响系数仅在 0.01—0.04 之间。

相比之下，住房价格通过财富效应机制对消费的影响除了大连、厦门和武汉三个城市外，其他城市均在 1% 或 5% 水平呈显著正相关关系。其中，影响最为明显的是西安，其次是南京和杭州。14 个大中城市中具有一线城市房价的几个城市如北京、上海、广州、深圳等城市房价抵押信贷效应影响系数均相对较小，这些影响系数明显小于其他二线城市房价波动对居民消费的影响。由此可见，房价波动通过抵押信贷效应对居民消费产生的影响在北京、上海等一线城市表现更为显著，且呈正相关，而房价波动通过财富效应对居民消费产生的影响在二线城市的表现则更为显著。

第六章　房价上涨影响居民消费的作用机制（三）：主观因素效应

前两章沿着最优消费的欧拉方程路线，通过建立计量经济模型，分析和检验了全国及 14 个大中城市的住房价格的财富效应和抵押信贷效应。本章将在上述研究的基础上，引入流动性约束和不确定性等因素，分析房价波动通过一些主观因素对消费影响的作用机制，主要是预防性储蓄效应和消费者信心效应。

第一节　主观因素效应的提出与含义界定

一　国外学者相关论述

国外一些学者并不认同对房价波动影响消费的财富效应和抵押信贷效应的解释，这些学者认为，虽然抵押信贷效应可能会使房价影响到消费，但是这种影响力是非常有限的。抵押信贷效应对信贷环境相对宽松的国家有可能会起到一定的作用，但从目前实际情况来看，诸多国家的信贷环境并不是很宽松，这一点在很大程度上会抑制住房抵押的作用。所以，尽管房价波动和消费变化表现出较高的相关性，但房价通过抵押信贷效应和财富效应这两个渠道对消费所起的作用也并不是那么大；相反，而是其他一些因素如利率、预期、储蓄等导致了房价和消费的变化。若对于这种因素不加考虑，模型估计就存在着遗漏变量的问题，那么住房财富的边际消费倾向往往就会被高估，结果将会出现一定的偏差。

King（1990）对 20 世纪 80 年代后期英国房价与消费的关系展开了研究，研究发现，人们不断修正的未来收入预期都会导致居民住房需求和居民个人消费同时增加，当住房供给量在短期内保持不变时，房价就会上扬，最后则是房价和消费同时增加。Pagano（1990）研究表明，较低的利率能够同时提高房价和增加居民消费，与按揭贷款配给相比，低利率的作用更为有效和直接。Attanasio 和 Weber（1994）在对共同因素论证时采用了微观家庭数据。在生命周期假说框架下，Attanasio 和 Weber 使用了英国微观家庭数据估算出了不同年龄组的预期消费值，然后将预期消费值与实际消费值二者进行比较分析，研究得出结论，老年组的两个数值比较接近，而年轻组则明显不同，实际消费值比预期值要高出很多。虽然该结论与财富效应推论背道而驰，但仍可以采用生产率假说来加以解释，即生产率的提高会使得年轻群体收获最多，这是源于这部分群体预期未来持久收入会呈现出更为显著的增长态势。Attanasio 等（2005）在上述研究的基础上将抵押效应和财富效应同时纳入模型，并采用新的统计数据进行分析和检验，研究结果对财富效应和抵押效应的作用予以否认，但证实并肯定了共同因素的作用。Lee（2007）运用消费者支出概览（CES）和 PSID 的微观数据证明了共同因素在解释房地产价格和消费之间相关关系上的重要程度。研究发现，在控制了失业率和家庭人均收入后，自有住房家庭的消费对房价变动的弹性会明显减小；租房家庭的消费对于房价变化的反映并没有表现出与自有住房家庭反映的明显不同；消费对于房价指数的弹性具有经济上和统计上的显著性。Aron 和 Muellbauer（2006）在控制了收入预期、信贷条件、经济不确定性等变量的情况下，对英国住房和消费关系进行了分析。研究表明，如果将信贷供给条件这一控制变量纳入模型，财富效应就会减少一半，虽然它们的相关系数并未发生任何变化。由此可见，信贷供给条件的变化在房价影响消费的作用机制中发挥着极为重要的作用。

二　基本概念界定

本章将在前面章节研究的基础上，引入流动性约束和不确定性等因素，分析房价上涨通过一些主观因素对消费影响的作用机制，主要是预防性储蓄效应和消费者信心效应。鉴于此，故称其为主观因素效应。

预防性储蓄一般指的是风险厌恶的消费者为了预防未来出现的不确定性所导致的消费水平下降而进行的储蓄。预防性储蓄假说最初是由里兰德于 1968 年提出的。在里兰德看来，预防性储蓄是由未来不确定的收入所引起的额外储蓄。当效用函数的三阶导数大于零时，确定性情况下消费的边际效用要明显小于不确定性情形下未来预期消费的边际效用。所以，未来不确定性的增加势必会导致未来预期消费的边际效用发生变化，进而吸引消费者进行更多储蓄，将更多的当前财富转移到未来进行消费。在不确定性情况下，消费者将采取比确定性情况下更为谨慎的行为，储蓄的主要目的是为了避免未来不确定收入所带来的意外冲击。因此，未来收入的不确定性和以效用函数为正的三阶导数的结合减少了当期消费，提高了储蓄，而这一储蓄就是预防性储蓄。本书将要分析的这一主观因素效应，是指住房价格变化对承租者和潜在购房者会产生重要影响，房价上涨一方面会增加承租者的租金；另一方面会提高潜在购房者的首付款支付额度，因此，承租者和潜在购房者会增强预防性储蓄动机，减少当期消费。这一作用机制我们称为“预防性储蓄效应说”。

住房价格上升影响消费的消费者信心效应也称为预期效应。住房是居民资产的重要形式之一，其价格是经济系统的“晴雨表”，房价走势反映了居民对未来价格预期和未来收入预期的变动趋势。房价上升会导致消费者对未来的预期和信心增强，进而增加消费。经济繁荣时期房价的上升增强了消费者对未来经济的预期，消费者将住房收益由暂时性收入转化为持久性收入，从而增加其消费，而萧条时期房价的下跌则会恶化消费者对未来的预期，从而导致其减少消费。这一作用机制我们称为“消费者信心效应说”。

第二节　预防性储蓄效应分析

一　城市居民预防性储蓄动机研究

本节对预防性储蓄效应的分析建立在居民预防性储蓄动机存在的前提条件之下，如果我国居民预防性储蓄动机很弱或者不存在，那么房价波动也不会通过这一效应影响或作用于居民消费。因此本节将对我国城市居民的预防性储蓄动机进行详细的理论与实证分析，为接下来房价波动影响消费的预防性储蓄效应的理论与实证研究奠定了基础。

关于预防性储蓄动机的存在性及其强弱性，西方学者近十几年来做了大量研究，但所得结论不尽一致。Jianakoplos（1986）使用国民纵向调查数据（NLS）分析了政府收入保障计划与居民储蓄二者之间的关系，研究表明，居民存在着较强的预防性储蓄动机。Caballero（1987）通过对具有相对风险厌恶效应的永久收入模型的分析，发现来源于收入不确定性进行预防性储蓄的部分超过美国净财富的60%。Skinner（1988）用泰勒近似值来逼近那些具有相对风险厌恶的消费者的生命周期消费模型，研究发现，预防性储蓄占美国居民总储蓄比例的56%。Guiso（1992）在具体分析时用个人资产差异来反映不确定性，研究发现预防性储蓄在家庭净资产中仅占2%。Carroll（1993）综合消费者支出调查数据（CES）和美国收入动态分组统计数据（PSID），使用收入方差来代表不确定性变量进行实证分析，研究结论在一定程度上支持了预防性储蓄动机假说。Dynan（1993）采用美国消费者支出调查数据（CES），通过建立预防性储蓄模型对居民的预防性动机强度进行定量分析，研究发现，预防性储蓄在美国总储蓄中占比很小。本章将使用Dynan提出的预防性储蓄模型对我国城市居民预防性储蓄动机强度进行估算。

该模型假设代表性家庭的消费路径满足下列动态最优化问题：

$$\max E_t\left[\sum_{j=0}^{T-t}(1+\delta)^{-j}U(C_{i,t+j})\right] \tag{6-1}$$

$$\text{s. t. } A_{i,t+j+1} = (1+r_i)A_{i,t+j} - C_{i,t+j} + Y_{i,t+j} \tag{6-2}$$

其中，E_t 代表 t 时刻条件期望值；r_i 表示实际利息率；δ 表示时间偏好率；$A_{i,t}$表示 t 时刻第 i 个个体的财富量，边际约束条件可以表示为：$A_{i,t+1}=0$；T 为生命周期；$C_{i,t}$为第 i 个个体 t 时刻消费水平；$Y_{i,t}$为第 i 个个体 t 时刻可支配收入水平，效应函数为凹函数，且三阶导数大于零。采用动态最优化的Bellman方程来求解上述模型，可以得到 $j=1$ 时的欧拉方程：

$$\left(\frac{1+r_i}{1+\delta}\right)E_t[U''(C_{i,t+1})] = U'(C_{i,t}) \tag{6-3}$$

将 $U'(C_{i,t+1})$ 的二阶泰勒展开式展开并将结果代入式（6－3）整理得到：

$$E_t\left[\frac{C_{i,t+1}-C_{i,t}}{C_{i,t}}\right] = -\frac{U'(C_{i,t})}{C_{i,t}U''(C_{i,t})}\left(\frac{r_i-\delta}{1+r_i}\right) - \frac{C_{i,t}U'''(C_{i,t})}{2U'(C_{i,t})}E_t\left[\left(\frac{C_{i,t+1}-C_{i,t}}{C_{i,t}}\right)^2\right] \tag{6-4}$$

其中，Dynan将 $\xi=-C_tU''/U'$ 定义为相对风险厌恶系数，与此同时，他还使用Kimball将预防性储蓄动机称为“谨慎”的做法，定义 $\rho=-C_tU'''/U'=\gamma+1>0$ 为相对谨慎系数。经整理，式（6－4）可写成下式：

$$E_t\left[\frac{C_{i,t+1}-C_{i,t}}{C_{i,t}}\right]=\frac{1}{\xi}\left(\frac{r_i-\delta}{1+r_i}\right)+\frac{\rho}{2}E_t\left[\left(\frac{C_{i,t+1}-C_{i,t}}{C_{i,t}}\right)\right]^2 \tag{6-5}$$

由于相对谨慎系数ρ刻画了未来的不确定性对未来预期消费增加的边际作用，因此，ρ取值越大，越能反映居民对未来不确定性所持的谨慎度就越大，这在一定程度上导致当期本应该消费但实际上却未消费的数量就越大，居民的预防性储蓄额度也就越大。从理论上来讲，只要利用实际数据分析所得的ρ值大于零，就说明预防性储蓄动机存在，并且ρ取值越大，意味着居民的预防性储蓄动机越强。因此，式（6－5）表明，在t时期来看，若预期到下一期的不确定性会有所增加，那么预期未来消费就会增加，这在很大程度上源于当期储蓄增加和消费减少，即消费者在当期存在预防性储蓄。

式（6－5）提供了一种采用消费截面数据估算预防性储蓄强度的方法。如果用GC_{it}表示第t期第i个个体的消费增长，M表示样本时期数，v_i和u_i表示样本均值替代期望值所产生的误差项，η_i表示偏好冲击，则整理式（6－5），可以得到：

$$\frac{1}{M}\sum_{t=1}^{M}GC_{it}+u_{it}=\frac{1}{\xi}\left(\frac{r_i-\delta}{1+r_i}\right)+\frac{\rho}{2}\left(\frac{1}{M}\sum_{t=1}^{M}GC_{it}^2\right)+v_{it}+\eta_{it} \tag{6-6}$$

合并误差项，并加以整理可得到：

$$\text{avg}(GC)_i=\frac{1}{\xi}\left(\frac{r_i-\delta}{1+r_i}\right)+\frac{\rho}{2}\text{avg}(GC^2)+\varepsilon_{it} \tag{6-7}$$

在对预防性储蓄强度进行具体估算过程中，式（6－7）中的消费增长率及增长率的平方值分别以消费时间序列取对数后一阶差分形式及其平方值来表示，经整理后得到的最终估算模型为：

$$\Delta\ln C_t=\frac{1}{\xi}\left(\frac{r-\delta}{1+r}\right)+\frac{\rho}{2}(\Delta\ln C_t)^2+\varepsilon \tag{6-8}$$

本节将采用1999年第一季度到2012年第四季度我国城镇家庭人均消费支出数据来估算该模型。得到最终估算结果如下：

$$\Delta\ln C_t=0.0233+3.2613(\Delta\ln C_t)^2$$
$$(3.2682)\quad(12.395) \tag{6-9}$$

式（6－9）中括号内的数值用来表示相应参数估计的t统计量，可以发现，在1%的检验水平下都是显著的。且$\rho/2=3.2613$，显著大于零，故相对谨慎系数即预防性储蓄动机系数$\rho=6.5226$，处于Dynan所界定的高端储蓄动机范围，这表明我国城镇居民存在显著的预防性储蓄动机。

二　预防性储蓄效应传导机制

为了具体了解住房价格上涨影响居民消费的预防性储蓄效应的具体作用机制，本章这里仍将借助预算约束线和无差异曲线这两种工具来进行详细分析。分析之前，进行如下模型假定：①居民房产数量始终不变，住房资产转化为消费支出是一个长期的累积过程；②只有住房价格发生变化，其他普通商品价格保持相对不变；③居民当期收入和当期金融财富保持不变。居民的预算约束可以表示为：

$$C_hP_h + C_gP_g = I \tag{6-10}$$

其中，C_g表示一般商品的消费量（不含住房），P_g为一般商品的售价，C_h代表购房消费，P_h代表房价，I则代表居民对其所拥有的全部财富量的预算约束，这些财富包括住房资产财富和股票债券等金融资产财富，也可以看作是居民对其财富的可支配部分。由式（6－10）可知，预算约束线的斜率可以表示为$-P_h/P_g$，纵截距为I/P_g，由此可见，预算约束线的斜率与房价相关，截距与预算约束项相关。根据前面第四章相关研究，可以得到一般商品消费与房价的函数关系式：

$$C_g = \frac{P_h(\alpha_1\theta - 1)W_h}{P_g} + \frac{\alpha_2 W_s}{P_g} + \frac{\alpha_3 Y_p}{P_g} + \frac{\alpha_0}{P_g} + \frac{\varepsilon}{P_g} \tag{6-11}$$

其中，W_s表示股票金融资产，W_h表示住房资产，Y_p表示持久收入，α_1、α_2、α_3分别表示住房资产财富、股票债券等金融资产财富与持久收入的边际消费倾向，而ε代表误差修正系数。式（6－11）反映了房价和居民消费二者之间的内在联系。在此基础上，我们将进一步分析住房价格波动影响居民消费预防性储蓄效应的具体作用机制。

预防性储蓄效应的研究对象主要是针对房屋承租者和潜在购房者而言。对于承租者而言，房价上涨推动房租增加，租房者则必须支付越来越高昂的房租，其预算约束也会更加紧张，进而会增加当前储蓄；对于潜在购房者来讲，房价上升意味着这类群体可能会为了支付高昂的购房首付款和偿还未来更多的住房贷款而会相应地增加储蓄，因此，对于二者而言，房价上升会增强居民预防性储蓄动机，减少当期消费。这一作用机制即为"预防性储蓄效应"。具体作用机制如图 6－1 所示。

图 6－1 中，横轴OW_h表示住房消费量，为了便于分析，在此假设为常数，纵轴OC_g表示一般商品消费量。房价上涨之前，消费者的预算约束线为A_1B_1，并且与无差异曲线相切于a点，而此时对应的一般商品消

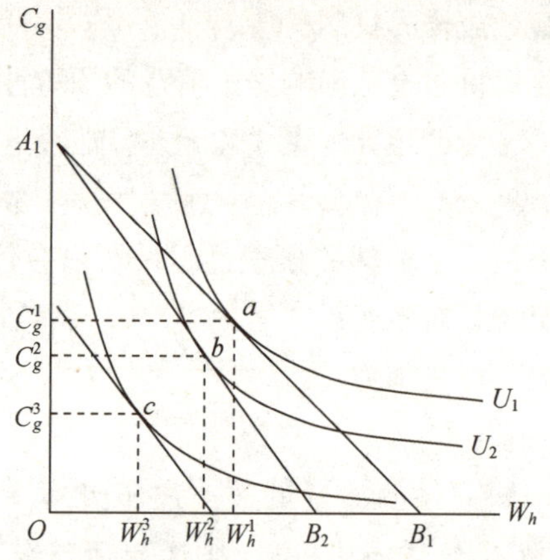

图6－1　房价上涨影响居民消费的预防性储蓄效应作用机制

费量为 C_g^1。当房价上涨后，预算约束线由 A_1B_1 移动 A_1B_2，斜率 $-P_h/P_g$ 绝对值增大，此时与无差异曲线相切于 b 点，对应的一般商品消费量为 C_g^2。在预防性储蓄效应作用机制下，租房者和潜在购房者可能为了购买住房而增加储蓄，减少一般商品的消费支出，反映在图6－1中，消费者预算约束线 A_1B_2 向左下方移动，直至与无差异曲线相切于 c，对应的一般商品消费量为 C_g^3。相对于价格上涨之前的消费水平减少了 $C_g^1C_g^3$。由于预防性储蓄效应的作用，住房价格上升抑制了承租者和潜在购房者的消费。

三　预防性储蓄效应的实证分析

通过房价波动的预防性储蓄效应传导机制的分析，我们知道，房价波动导致居民预防性储蓄动机增强则在很大程度上源于流动性约束的存在和不确定性因素的增加。所以，在进行具体分析时，首先要分析房价波动对流动性约束和不确定性因素的影响，其次分析这些因素对居民消费所产生的影响，最后，综合分析房价波动通过不确定性和流动性约束所导致居民预防性储蓄变动进而对消费所产生的影响程度。

本章采用全国2001—2012年季度数据，并以城镇居民人均消费支出表示消费（C），以城镇居民人均可支配收入表示收入（Y），以城镇人均可支配收入的对数方差作为不确定代理变量（UC），以城镇居民借贷收入占可支配收入的比例作为流动性约束代理变量（LC），同时，和前面章节一致，引入一组控制变量，即以房屋租赁价格指数（RP）代表房屋租金的变动，土地交易价格指数（LP）代表土地价格，居民消费价格指数反映社会通货膨胀（*R*）。

原始数据来源于中国经济景气月报，并进行了相应计算和处理。首先，土地交易价格指数和房屋租赁价格指数是同比数据，不能刻画其真实走势，鉴于此，本章将把这两组数据转换成以 2001 年第一季度数据为 100 的定基比数据；其次，为了剔除物价影响获得真实数据，这里将各个城市的 2001 年第一季度的居民消费价格指数作为定基比数据，然后对城镇居民人均消费和人均可支配收入两组原始数据进行平减；此外，为了去除异方差造成的影响，本章对所有的因变量和自变量都进行对数化处理。所以，本章采用的基本理论模型为：

$$UC_t = \alpha_1 + \beta_1 \ln HP_t + \varepsilon_1 \qquad (6-12)$$

$$LC_t = \alpha_2 + \beta_2 \ln HP_t + \varepsilon_2 \qquad (6-13)$$

$$\ln C_t = \alpha_3 + \theta \ln Y_t + \lambda UC_t + \delta LC_t + \eta_1 \ln RP_t + \eta_2 \ln LP_t + \eta_3 \ln R_t + \varepsilon \qquad (6-14)$$

模型（6－12）和模型（6－13）用来估算房价上涨对不确定性因素和流动性约束的影响，而模型（6－14）则用来估算不确定性因素和流动性约束对居民消费的影响。最后，结合三个式子来综合分析房价波动通过预防性储蓄效应对居民消费的影响程度。

（一）单位根检验

根据前面章节所介绍的研究方法，对于全国时间序列数据，将先进行单位根检验，以确保时间序列的平稳性，避免产生伪回归。这里仍将采用 ADF 检验，检验结果如表 6－1 所示。

表 6－1　模型（6－12）、模型（6－13）和模型（6－14）各个变量的 ADF 检验结果

变量	检验类型（C，T）	ADF 检验值	变量	检验类型（C，T）	ADF 检验值
lnC	（C，0）	0.695306 （0.9905）	DlnC	（C，0）	－12.67904 （0.0000）
lnY	（C，0）	－0.378223 （0.9029）	DlnY	（C，0）	－3.392802 （0.0175）
UC	（C，0）	－1.808308 （0.3710）	DUC	（C，0）	－4.460801 （0.0010）

续表

变量	检验类型（C，T）	ADF 检验值	变量	检验类型（C，T）	ADF 检验值
LC	（C，0）	-1.897239 （0.3302）	*DLC*	（C，0）	-6.41541 （0.0000）
ln*HP*	（C，T）	0.511921 （0.8216）	Dln*HP*	（C，T）	-5.741318 （0.0000）
ln*RP*	（C，T）	-1.076337 （0.5965）	Dln*RP*	（C，T）	-4.474202 （0.0000）
ln*LP*	（C，T）	-1.117933 （0.5188）	Dln*LP*	（C，T）	-5.286638 （0.0000）
ln*R*	（C，T）	0.235558 （0.7496）	Dln*R*	（C，T）	-4.109371 （0.0001）

注：①检验类型（C，T）代表检验方程中包含常数项和时间趋势项；②所有检验方法的原假设均为：存在单位根过程；③ADF 检验值下方对应的括号内的数值是估计量的 p 值；④滞后阶数的选取是根据 SIC 标准。

从表 6-1 可以看出，所有变量的原序列都含有单位根过程，不论是对于只包含常数项的模型，还是既包含常数项又包含时间趋势项的模型来讲，绝大多数检验方法都接受原假设，存在着单位根过程。所有变量的时间序列经过一阶差分后都拒绝了原假设，即不存在着单位根过程。所以，这些变量的时间序列均是一阶单整。

（二）协整检验

上述单位根检验表明各变量经过一阶差分后平稳，接下来通过协整检验来考察变量间的长期均衡关系。本章采用迹检验和最大特征值检验两种方法对模型（6-12）—模型（6-14）进行协整检验。这里通过 AIC 准则和 SIC 准则确定无约束 VAR 模型的滞后期为 2 期。由于协整检验模型的滞后期即为无约束的 VAR 模型一阶差分变量的滞后期，所以，可以把协整检验模型的滞后期确定为 1。

通过对多组变量进行协整检验可以发现，无论是迹检验抑或是最大特征值检验，两种检验结果都表明在 5% 的显著性水平下拒绝了原假设，序列 *UC* 和 ln*HP* 之间、序列 *LC* 和 ln*HP* 之间至少存在两个协整方程，而序列 ln*C*、ln*Y*、*UC*、*LC*、ln*RP*、ln*LP* 和 ln*R* 之间至少存在三个协整方程（见表 6-2 至表 6-4），即变量之间具有共同的随机趋势，它们之间存在动态均衡机制。由于本章主要关注含有所有变量的第一个协整方程，所以，采用软件 Eviews 6.0 分析得出的变量间经标准化后的协整方程系数如表 6-5 和表 6-6 所示。

表 6-2　　*UC* 和 ln*HP* 的协整检验

原假设 H_0	迹检验			最大特征值检验			结论
	Trace	5%临界值	*p* 值	*Max-Eigen*	5%临界值	*p* 值	
$r=0$	91.78686	15.49471	0.0000	81.64885	14.26460	0.0000	$r=2$
$r\leqslant 1$	10.13801	3.841466	0.0015	10.13801	3.841466	0.0015	

注：*r* 表示协整向量的个数，*Trace* 和 *Max-Eigen* 分别表示迹检验统计量和最大特征值检验统计量。

表 6-3　　*LC* 和 ln*HP* 的协整检验

原假设 H_0	迹检验			最大特征值检验			结论
	Trace	5%临界值	*p* 值	*Max-Eigen*	5%临界值	*p* 值	
$r=0$	18.21928	15.49471	0.0190	12.16957	14.26460	0.1044	$r=2$
$r\leqslant 1$	6.049705	3.841466	0.0139	6.049705	3.841466	0.0139	

注：*r* 表示协整向量的个数，*Trace* 和 *Max-Eigen* 分别表示迹检验统计量和最大特征值检验统计量。

表 6-4　　ln*C*、ln*Y*、*UC*、*LC*、ln*RP*、ln*LP* 和 ln*R* 的协整检验

原假设 H_0	迹检验			最大特征值检验			结论
	Trace	5%临界值	*p* 值	*Max-Eigen*	5%临界值	*p* 值	
$r=0$	248.5535	125.6154	0.0000	101.6960	46.23162	0.0000	$r=3$
$r\leqslant 1$	146.8574	95.75366	0.0000	65.70996	40.07757	0.0000	
$r\leqslant 2$	81.14747	69.81889	0.0048	37.25336	33.87687	0.0190	
$r\leqslant 3$	43.89411	47.85613	0.1122	21.57384	27.58434	0.2431	

注：*r* 表示协整向量的个数，*Trace* 和 *Max-Eigen* 分别表示迹检验统计量和最大特征值检验统计量。

通过表 6-5、表 6-6 标准化后的协整方程中各个变量系数估算值可以发现，房价与不确定性因素和流动性约束存在长期均衡的正相关性，而不确定性因素和流动性约束与城市居民消费之间存在长期均衡的负相关性，综合来看，通过不确定性因素和流动性约束最终使得房价和居民消费存在长期均衡的负相关，这与我们前面分析的房价波动的预防性储蓄效应的理论传导机制是一致的。具体来说，房价每上涨1%，会导致不确定性因素和流动性约束分别上升约0.111%和0.312%；而不确定性因素每增加1%，消费则下降2.340%，流动性约束每上升1%，消费降低1.330%；综合分析，房价每增加1%，通过不确定性因素和流动性约束的传导分别会导致居民消费降低0.260%和0.415%，因此，房价波动通过不确定性因素和流动性约束导致居民预防性储蓄增加最终会导致居民消费下降0.675%。

表6-5 模型（6-12）、模型（6-13）标准化后协整方程系数估计值

变量	UC	$\ln HP$（β_1）	LC	$\ln HP$（β_2）
协整系数估计值	1.000000	-0.111030 (0.03024)	1.000000	-0.312260 (0.09629)

注：括号内的数值表示标准差。

表6-6 模型（6-14）标准化后协整方程系数估计值

变量	$\ln C$	$\ln Y$（θ）	UC（λ）	LC（δ）	$\ln RP$（η_1）	$\ln LP$（η_2）	$\ln R$（η_3）
协整系数估计值	1.000000	-0.456289 (0.08911)	2.339655 (0.23100)	1.329512 (0.03422)	0.126041 (0.12765)	0.097789 (0.28959)	-2.564280 (0.16239)

注：括号内的数值表示标准差。

（三）误差修正模型

由于协整方程分析了变量之间存在的长期均衡关系，而不能反映变量之间的短期动态关系，因此这里将采用向量误差修正模型来解决这一问题。考虑到VECM模型是含有协整约束的向量自回归模型，所以，根据协整检验所确定的变量间无约束VAR模型滞后阶数为2，可以将VECM模型滞后阶数确定为1。因此，可建立如下模型：

$$DUC_t = \alpha_0 + \alpha_1 DUC_{t-1} + \alpha_2 D\ln HP_{t-1} + \alpha_3 vecm_{t-1} + \mu_{1t} \tag{6-15}$$

$$DLC_t = \beta_0 + \beta_1 DLC_{t-1} + \beta_2 D\ln HP_{t-1} + \beta_3 vecm_{t-1} + \mu_{2t} \tag{6-16}$$

$$D\ln C_t = \lambda_0 + \lambda_1 D\ln C_{t-1} + \lambda_2 D\ln Y_{t-1} + \lambda_3 DUC_{t-1} + \lambda_4 DLC_{t-1}$$

$$+\lambda_5 D\ln RP_{t-1}+\lambda_6 D\ln LP_{t1}+\lambda_7 D\ln R_{t-1}+\lambda_8 vecm_{t-1}+\mu_{3t} \tag{6-17}$$

式（6-15）、式（6-16）和式（6-17）中，*vecm* 用来表示协整方程中长期均衡误差修正项，μ_{1t}、μ_{2t}、μ_{3t}为白噪声。利用 Eviews 6.0 软件分析得到以下 VECM 模型估计结果：

表 6-7　误差修正模型（6-15）、模型（6-16）和模型（6-17）估计结果

模型一		模型二	
变量	误差修正系数估计值	变量	误差修正系数估计值
$vecm_{t-1}$（α_3）	-0.893625 (0.12949) [-4.65232]	$vecm_{t-1}$（β_3）	-0.256562 (0.07581) [-2.34606]
DUC_{t-1}（α_1）	0.845814 (0.09079) [5.31606]	DLC_{t-1}（β_1）	0.508572 (0.16426) [3.09608]
$D\ln HP_{t-1}$（α_2）	0.207156 (0.12684) [2.63320]	$D\ln HP_{t-1}$（β_2）	0.177242 (0.15538) [2.84267]
常数（α_0）	0.001898 (0.00258) [1.46223]	常数（β_0）	0.003623 (0.00281) [1.39017]

模型三					
变量	系数估计值	变量	系数估计值	变量	系数估计值
$vecm_{t-1}$（λ_8）	0.122350 (0.02496) [-4.90233]	DUC_{t-1}（λ_3）	-1.528128 (0.43433) [-3.51997]	$D\ln LP_{t-1}$（λ_6）	0.099123 (0.15101) [0.65641]
$D\ln C_{t-1}$（λ_1）	0.732175 (0.28086) [2.60692]	DLC_{t-1}（λ_4）	-1.192619 (0.54067) [-3.98511]	$D\ln R_{t-1}$（λ_7）	0.123709 (0.47052) [1.26292]
$D\ln Y_{t-1}$（λ_2）	0.483247 (0.35307) [1.36870]	$D\ln RP_{t-1}$（λ_5）	-0.027146 (0.09599) [-0.28281]	常数（λ_0）	0.044454 (0.00519) [3.55968]

注：圆括号内的数值表示标准差，方括号内的数值表示 *t* 统计量。

从表 6 -7 中可以看出，向量误差修正模型中 $vecm_{t-1}$ 系数显著为负，这表明调整方向是完全符合误差修正机制的，它能够自动调节变量间的长期均衡关系。从 VECM 中各个变量的系数来看，在短期内，房价与不确定性因素和流动性约束呈显著的正相关，房价每上升 1%，会导致不确定性因素和流动性约束分别上升约 0.207% 和 0.177%；而不确定性因素和流动性约束与城市居民消费之间呈现显著的负相关，不确定性因素每增加 1%，消费则下降 1.528%，流动性约束每上升 1%，消费降低 1.193%；综合分析，房价每增加 1%，通过不确定性因素和流动性约束的传导分别会导致居民消费降低 0.316% 和 0.211%，因此，短期内，房价上涨通过不确定性因素和流动性约束导致居民预防性储蓄增加最终会导致居民消费下降 0.527%，短期内住房价格波动影响居民消费的预防性储蓄效应要小于其长期效应。

第三节　消费者信心效应研究

房价上涨的消费者信心效应传导机制类似于财富效应的传导机制。对于住房所有者来讲，房价上升增强了消费者对未来经济的预期，在信心效应作用下消费者会扩大预算约束，增加当期消费。相反，房价下跌则会通过负的消费者信心效应制约消费者当期消费。

一　消费者信心效应的理论模型

上述房价上涨影响居民消费的消费者信心效应传导机制表明，在进行具体分析时，首先要分析房价上涨对消费者信心的影响，其次再分析消费者信心对居民消费所产生的影响，最后综合分析房价上涨通过对消费者信心的影响进而对消费所产生的最终影响程度。

本节仍采用全国 2001—2012 年的季度数据进行实证分析，并以城镇居民人均消费支出表示消费（C），以城镇居民人均可支配收入表示收入（Y），以消费者信心指数作为消费者信心的代理变量（CI），同时，和前面章节一致，引入一组控制变量，即以房屋租赁价格指数（RP）代表房屋租金的变动，土地交易价格指数（LP）代表土地价格，居民消费价格指数反映社会通货膨胀（R）。为了消除异方差的影响，对相关变量均进行了对数化处理。因此，本节采用的基本理论模型如下：

$$\ln CI_t = \alpha_1 + \beta \ln HP_t + \varepsilon_{1t} \tag{6-18}$$

$$\ln C_t = \alpha_2 + \theta \ln Y_t + \lambda \ln CI_t + \eta_1 \ln RP_t + \eta_2 \ln LP_t + \eta_3 R_t + \varepsilon_{2t} \tag{6-19}$$

模型（6－18）用来分析房价上涨对消费者信心的影响，模型（6－19）用来分析消费者信心对居民消费所产生的影响。最后，结合两式来综合分析房价上涨通过消费者信心效应对居民消费的影响程度。

二　实证检验结果与分析

（一）单位根检验

根据前面章节所介绍的研究方法，对于全国时间序列数据，将先进行单位根检验，以确保时间序列的平稳性，避免产生伪回归。这里仍将采用ADF 检验，检验结果如表 6－8 所示。

表 6－8　模型（6－18）和模型（6－19）各个变量的 ADF 检验结果

变量	检验类型（C，T）	ADF 检验值	变量	检验类型（C，T）	ADF 检验值
$\ln C$	（C，0）	0.695306 (0.9905)	$D\ln C$	（C，0）	－12.67904 (0.0000)
$\ln Y$	（C，0）	－0.378223 (0.9029)	$D\ln Y$	（C，0）	－3.392802 (0.0175)
$\ln CI$	（C，0）	－1.980647 (0.2939)	$D\ln CI$	（C，0）	－5.986964 (0.0000)
$\ln HP$	（C，T）	0.511921 (0.8216)	$D\ln HP$	（C，T）	－5.741318 (0.0000)
$\ln RP$	（C，T）	－1.076337 (0.5965)	$D\ln RP$	（C，T）	－4.474202 (0.0000)
$\ln LP$	（C，T）	－1.117933 (0.5188)	$D\ln LP$	（C，T）	－5.286638 (0.0000)
$\ln R$	（C，T）	0.235558 (0.7496)	$D\ln R$	（C，T）	－4.109371 (0.0001)

注：①检验类型（C，T）代表检验方程中包含常数项和时间趋势项；②所有检验方法的原假设均为存在单位根过程；③ADF 检验值下方对应的括号内的数值是估计量的 p 值；④滞后阶数的选取是根据 SIC 标准。

从表 6－8 可以看出，所有变量的原序列都含有单位根过程，不论是对于只包含常数项的模型，还是既包含常数项又包含时间趋势项的模型来讲，绝大多数检验方法都接受原假设，存在着单位根过程。所有变量的时间序列经过一阶差分后都拒绝了原假设，即不存在单位根过程。所以，这些变量的时间序列均是一阶单整。

（二）协整检验

上述单位根检验表明各变量经过一阶差分后平稳，接下来通过协整检验来考察变量间的长期均衡关系。本章采用迹检验和最大特征值检验两种方法对模型（6－18）和（6－19）进行协整检验。这里通过 AIC 准则和 SIC 准则确定无约束的 VAR 模型的滞后阶数为 2。由于协整检验模型的滞后期就是无约束的 VAR 模型一阶差分变量的滞后期，所以，可以把协整检验模型的滞后期确定为 1。

表 6－9　　ln*CI* 和 ln*HP* 的协整检验

原假设 H_0	迹检验			最大特征值检验			结论
	Trace	5%临界值	*p* 值	*Max－Eigen*	5%临界值	*p* 值	
$r=0$	20.41094	15.49471	0.0084	16.53390	14.26460	0.0215	$r=2$
$r\leq1$	3.877046	3.841466	0.0489	3.877046	3.841466	0.0489	

注：*r* 表示协整向量的个数，*Trace* 和 *Max－Eigen* 分别表示迹检验统计量和最大特征值检验统计量。

表 6－10　　ln*C*、ln*Y*、ln*CI*、ln*RP*、ln*LP* 和 ln*R* 的协整检验

原假设 H_0	迹检验			最大特征值检验			结论
	Trace	5%临界值	*p* 值	*Max－Eigen*	5%临界值	*p* 值	
$r=0$	172.3694	95.75366	0.0000	114.1308	40.07757	0.0000	$r=1$
$r\leq1$	58.23862	69.81889	0.2934	22.98734	33.87687	0.5314	
$r\leq2$	35.25128	47.85613	0.4348	16.06273	27.58434	0.6605	

注：*r* 表示协整向量的个数，*Trace* 和 *Max－Eigen* 分别表示迹检验统计量和最大特征值检验统计量。

通过对两组变量进行协整检验可以发现，迹检验和最大特征值检验均在 5%的显著性水平下拒绝原假设，序列 *CI* 和 ln*HP* 之间至少存在两个协整方程，而序列 ln*C*、ln*Y*、ln*CI*、ln*RP*、ln*LP* 和 ln*R* 之间至少存在一个协整方程。换言之，变量之间都存在长期稳定的协调关系，具有共同的随机趋势。由于本章主要关注含有所有变量的第一个协整方程，因此，利用软件 Eviews 6.0 分析得出的两组变量经标准化后的协整方程系数如表 6 - 11 和表 6 - 12 所示。

表 6 - 11、表 6 - 12 标准化后协整方程中各个变量系数估算值表明，房价与消费者信心存在长期均衡的正相关性，而消费者信心与城市居民消费之间同样存在长期均衡的正相关性，综合来看，通过消费者信心最终使得房价和居民消费存在长期均衡的负相关，这与我们前面分析的房价上涨的消费者信心效应的理论传导机制是一致的。具体来说，房价每上涨 1%，会导致消费者信心增加 0.463%；而消费者信心每增加 1%，消费则增加 0.524%，综合分析，房价每增加 1%，通过消费者信心的增强会导致居民消费增加 0.243%。

表 6 - 11　　　模型（6 - 18）标准化后协整方程系数估计值

变量	lnCI	lnHP（β）
协整系数估计值	1.000000	-0.463104 (0.03259)

注：括号内的数值表示标准差。

表 6 - 12　　　模型（6 - 19）标准化后协整方程系数估计值

变量	lnC	lnY（θ）	lnCI（λ）	lnRP（η_1）	lnLP（η_2）	lnR（η_3）
协整系数估计值	1.000000	-0.880589 (0.10264)	-0.523655 (0.06003)	0.076274 (0.04650)	0.033769 (0.05083)	-0.023321 (0.10656)

注：括号内的数值表示标准差。

（三）误差修正模型

协整方程分析了变量之间存在的长期均衡关系，但不能反映变量之间的短期动态关系，因此这里仍采用向量误差修正模型来解决这一问题。考虑到 VECM 是含有协整约束的向量自回归模型，所以，依据协整检验所确定的变量间无约束的 VAR 模型滞后阶数为 2，可以将 VECM 模型滞后阶数确定为 1。因此，建立如下模型：

$$DlnCI_t = \theta_0 + \theta_1 DlnCI_{t-1} + \theta_2 DlnHP_{t-1} + \theta_3 vecm_{t-1} + \mu_{1t} \tag{6-20}$$

$$DlnC_t = \delta_0 + \delta_1 DlnC_{t-1} + \delta_2 DlnY_{t-1} + \delta_3 DlnCI_{t-1} + \delta_4 DlnRP_{t-1}$$

$$+\delta_5 D\ln LP_{t1} + \delta_6 D\ln R_{t-1} + \delta_7 vecm_{t-1} + \mu_{2t} \qquad (6-21)$$

式（6－20）和式（6－21）中，*vecm* 用来表示协整方程中的长期均衡误差修正项，μ_{1t}、μ_{2t} 为白噪声。利用 Eviews 6.0 软件分析得到以下 VECM 模型估计结果，如表 6－13 所示。

表 6－13　　误差修正模型（6－20）和模型（6－21）估计结果

模型一		模型二			
变量	系数估计值	变量	系数估计值	变量	系数估计值
$vecm_{t-1}$ （θ_3）	－0.309175 (0.09135) [－3.38443]	$vecm_{t-1}$ （δ_7）	－0.879291 (0.58917) [－2.49242]	$D\ln RP_{t-1}$ （δ_4）	－0.123717 (0.12854) [－0.96245]
$D\ln CI_{t-1}$ （θ_1）	0.116801 (0.15602) [0.74866]	$D\ln C_{t-1}$ （δ_1）	0.655437 (0.29984) [3.18646]	$D\ln LP_{t-1}$ （δ_5）	－0.105508 (0.18575) [－0.56800]
$D\ln HP_{t-1}$ （θ_2）	0.318497 (0.26188) [2.85816]	$D\ln Y_{t-1}$ （δ_2）	0.613340 (0.28178) [2.17668]	$D\ln R_{t-1}$ （δ_6）	0.256024 (0.56344) [0.45439]
常数（θ_0）	0.002690 (0.00457) [0.58806]	$D\ln CI_{t-1}$ （δ_3）	0.282666 (0.24988) [3.13121]	常数（δ_0）	0.041999 (0.00934) [4.49607]

注：圆括号内的数值表示标准差，方括号内的数值表示 t 统计量。

从表 6－13 可以看出，向量误差修正模型中 $vecm_{t-1}$ 的系数显著为负，这表明调整方向完全符合误差修正机制，它能够自动调节变量间的长期均衡关系。从 VECM 模型中各个变量系数来看，在短期内，房价与消费者信心呈显著的正相关关系，房价每上升 1%，会导致消费者信心增强约 0.318%；而消费者信心与城市居民消费之间也呈现显著的正相关关系，消费者信心每增加 1%，消费则上升 0.283%；综合分析，房价每增加 1%，通过消费者信心的传导会导致居民消费增加 0.090%。因此，短期内，房价上涨通过消费者信心的增强会使得城市居民消费增加 0.090%，短期内住房价格波动影响居民消费的消费者信心效应要小于其长期效应。

三　小结

本章在前面财富效应和抵押信贷效应研究的基础上，引入流动性约束和不确定性等因素，分析房价上涨通过一些主观因素对消费影响的作用机制，主要集中在房价上涨通过预防性储蓄效应和消费者信心效应对消费影响的研究上。

本章采用全国2001年至2012年的季度数据进行实证分析。用城镇居民人均消费支出来代表消费支出水平，用城镇居民人均可支配收入代表收入水平，以城镇人均可支配收入的对数方差作为不确定代理变量，以城镇居民借贷收入占可支配收入的比例作为流动性约束代理变量，以消费者信心指数作为消费者信心的代理变量；同时，和前面章节一致，引入一组控制变量，即以房屋租赁价格指数代表房屋租金的变动，土地交易价格指数代表土地价格，居民消费价格指数反映社会通货膨胀。

在分析房价上涨影响居民消费的预防性储蓄效应时，首先分析了该效应的传导机制，研究表明，房价上涨导致居民预防性储蓄动机增强在很大程度上源于不确定性因素和流动性约束的增加。因此，在进行实证分析时，首先分析房价上涨对不确定性因素和流动性约束的影响，其次分析这些因素对居民消费所产生的影响，最后综合分析房价上涨通过不确定性因素和流动性约束所导致居民预防性储蓄变动进而对消费所产生的影响程度。

具体来看，全国时间序列分析的协整方程表明，房价与不确定性因素和流动性约束存在长期均衡的正相关性，房价每上涨1%，不确定性和流动性约束分别上升约0.111%和0.312%；而不确定性因素和流动性约束与城市居民消费之间存在长期均衡的负相关性，不确定性因素和流动性约束每增加1%，消费则分别下降2.340%和1.330%；综合来看，房价每增加1%，通过不确定因素和流动性约束的传导分别会导致居民消费降低0.260%和0.415%。因此，长期来看，房价上涨通过不确定性因素和流动性约束导致居民预防性储蓄增加最终会导致居民消费下降0.675%。向量误差修正模型表明，短期内，房价与不确定性因素和流动性约束呈显著的正相关关系，房价每上升1%，会导致不确定性因素和流动性约束分别上升约0.207%和0.177%；而不确定性因素和流动性约束与城市居民消费之间呈现显著的负相关关系，不确定性因素和流动性约束每增加1%，消费则分别下降1.528%和1.193%；综合分析，房价每增加1%，通过不确定性因素和流动性约束的传导分别会导致居民消费降低0.316%和0.211%，因此，短期内，房价上涨通过不确定性和流动性约束导致居民预防性储蓄增加最终会导致居民消费下降0.527%。短期内，住房价格波动影响居民消费的预防性储蓄效应要小于其长期效应。

通过对房价上涨影响居民消费的消费者信心效应分析表明，长期来看，房价与消费者信心存在长期均衡的正相关性，房价每上涨1%，消费者信心增加0.463%；而消费者信心与城市居民消费之间同样存在长期均衡的正相关性，消费者信心每增加1%，消费增加0.524%；综合来看，房价每增加1%，通过消费者信心的增强会使得居民消费增加0.243%。向量误差修正模型表明，短期内，房价与消费者信心呈显著的正相关关系，房价每上升1%，会导致消费者信心增强约0.318%；消费者信心与城市居民消费之间呈现显著的正相关关系，消费者信心每增加1%，消费则上升0.283%；综合分析，房价每增加1%，通过消费者信心的传导会导致居民消费增加0.090%。因此，短期内，房价上涨通过消费者信心的增强会使得城市居民消费增加0.090%，短期内房价波动影响居民消费的消费者信心效应要明显小于其长期效应。

第七章　房价上涨影响居民消费的综合作用机制研究

前面章节对城市房价上涨影响居民消费的财富效应、抵押信贷效应、预防性储蓄效应和消费者信心效应分别进行了详细的理论分析和实证检验。研究发现，房价通过不同的作用机制对城市居民的消费支出会产生不同程度的影响，包括短期影响和长期影响，而且对不同城市所产生的影响程度也不尽相同。本章将在上述研究的基础上，结合城市房价上涨影响居民消费的多种作用机制来综合分析房价对城市居民消费所产生的总体影响。

第一节　国内关于房价影响居民消费不同观点的比较分析

与发达国家相比，我国房地产市场刚刚兴起，还不是很成熟，从目前研究现状来看，国内关于房价波动如何影响居民消费的经济学理论研究还较为鲜见，而实证分析也刚刚处于起步阶段。因此，城市住房价格波动影响居民消费的具体作用机制还需要进一步进行深入的理论分析和实证检验。从近几年国内学者的研究成果来看，得出的结论颇具争议性，认为我国房价上升促进居民消费、抑制居民消费和对居民消费有微弱影响或无影响的观点都有。

一　“正面影响说”观点

国内学者关于资产价格影响消费的研究最早开始于我国股市对货币政策及经济增长影响的研究。而较早开始关注并研究住房价格变动影响居民消费的学者有刘建江、张存涛等。刘建江、杨玉娟、袁冬梅（2005）研究表明，房地产财富效应比股市财富效应有更强的影响力。并指出，由于房地产价格、居民收入和利率波动的不确定性及居民资产的多元化，要对房价对居民消费的影响进行定量分析存在诸多困难。生命周期假说和持久收入假说二者从不同的视角体现了房价的财富效应，通过 LC - PIH 模型可对此进行更全面的解释，即持续上升的房价能够增加居民财富量，提高短期边际消费倾向，进而促进消费。

宋勃（2007）以我国 1998—2006 年居民消费支出和房地产价格的季度数据为样本，在考虑通货膨胀的条件下，采用格兰杰因果检验法，并建立误差修正模型探讨了我国消费与房价之间的关系。研究结论表明，两者短期内存在格兰杰因果关系，房价上升是消费增加的长期格兰杰原因。脉冲响应分析进一步说明，房价的一个正向冲击对消费有正效应，即我国房地产市场存在财富效应。

魏锋（2007）和丁攀（2008）分别以 2002—2005 年的月度数据和 1998—2006 年的季度数据为样本，运用单位根、协整检验以及误差修正模型进行实证分析，研究发现，中国房地产市场存在着显著为正的财富效应，房价上升会促进居民消费。

王子龙、许箫迪、徐浩然（2008，2009）采用我国 1996—2007 年消费支出和房地产价格的季度数据，引入通货膨胀这一变量进行实证分析，研究表明，随着我国居民收入的不断增加，房地产对居民消费影响的财富效应在不断增强。研究还发现，房地产价格上涨是居民消费支出增加的格兰杰原因。无论从短期还是长期来看，我国住房价格变化影响居民消费的财富效应都存在。房价的正向变化对消费支出产生正面效应，使得居民消费增加，从而进一步验证了我国房地产财富效应的存在性。

周建军、鞠方（2010）从我国房地产市场的现状出发，采用协整检验、误差修正模型和格兰杰因果关系检验等方法分析了我国房地产市场与消费之间的关系。研究发现，同西方主要发达国家一样，我国房地产市场存在显著的财富效应，而且这种财富效应随着时间的推移在不断增强。

梁亚民、韩君（2014）运用投入产出模型和结构向量自回归模型模拟房价波动对国民经济各部门、社会再生产各环节价格水平影响，研究表明，从横向上看，房价波动与各产业部门价格波动之间存在着较为稳定的正相关关系，且房价波动对国民经济各产业部门价格影响程度呈现出有规律的分布特征；从纵向上看，房价波动与生产环节和消费环节价格之间具有同向的变动特征，房价波动首先传导到生产环节，再由生产环节传导到消费环节。

宋明月、臧旭恒（2015）借助于中国健康与养老追踪调查（CHARLS）2011 年全国基线调查数据，分城乡重点分析了房产对家庭消费的影响，并对有房家庭不同资产价值影响效应进行对比。研究发现，城市和农村家庭拥有房产都能显著地提升家庭消费，城镇家庭房产的消费弹性系数在 0.063—0.068 之间，农村家庭房产的消费弹性系数在 0.062—0.085 之间。

二　“负面影响说”观点

朱新玲、黎鹏（2006）采用协整分析方法和格兰杰因果关系检验方法探讨了我国房地产财富效应，研究结论表明，在我国，房地产市场不存在财富效应，而是存在替代效应，即房价上涨会抑制消费。

刘旦、姚玲珍（2008）研究表明，1979—1999 年我国城镇住宅资产对消费的影响不显著；2000—2006 年城镇住房价格上涨对居民消费产生了抑制作用。

赖溟溟、白钦先（2008）以 1998—2007 年的数据为样本，运用协整检验和误差修正模型进行分析，研究表明，短期内住房价格上升抑制了居民消费支出。

刘建江、周湘辉（2009）针对 2001 年以来我国房地产价格上涨而居民消费率持续下降的现象，从财富效应与挤出效应两个方面探讨了房地产价格上涨对居民消费的影响机制，构建居民消费率与房地产价格指数相关的数理模型并进行实证研究，研究表明，当前这两个变量之间存在长期的反向协整关系，即近年来房价的上涨对居民消费确实产生了抑制作用。

邬丽萍、周建军（2009）通过对全国和特定地区数据进行平稳性检验、因果关系检验和加入房价变量的消费函数模型实证分析的基础上发现，房价上涨对我国居民消费支出有显著的抑制作用，房价波动的财富效应在不同地区之间存在很大的差异。

杜莉、潘春阳（2010）以我国 172 个地级城市 2002—2006 年面板数据为样本，对房价对居民平均消费倾向的影响展开了实证分析，研究发现，房价上涨抑制了居民消费，造成这一现象关键原因在于我国潜在购房者群体所占比重较大和房地产金融发展相对滞后。

李成武（2010）采用面板数据分析了我国众多地区房地产市场的财富效应，研究结果表明，财富效应在我国 4 个直辖市、东部地区和东北地区表现得较为显著，且为负；在中西部地区表现则不显著；经济越发达的城市负向财富效应影响系数越大；此外，居民的住房压力越大，则房价对消费所产生的挤出效应也就会越明显。

况伟大（2011）对房东和租客分别建立两期房价与消费关系模型，使用中国35个大中城市1996—2008年家庭数据考察了房价变动对居民消费变动的影响。检验结果发现，房价对家庭住房面积和住房消费影响为负。

李春风、陈乐一和刘建江（2013）通过构建综合考虑各个因素的条件下能够检验房价波动对居民消费影响的动态面板模型，运用动态系统广义矩阵方法进行实证分析，研究显示，房价波动对居住消费的影响为负。

周豫和盛翔（2013）以我国2005—2010年的月度数据为样本，研究发现，商品住宅实际价格对城镇居民消费倾向存在抑制作用，房价的“挤出效应”占据主导地位，而“财富效应”没有显现。

王春梅（2015）在分析中国房地产的结构性变动和区域差异的基础之上系统分析了中国房地产的财富效应，研究发现，我国一线城市房地产的财富效应显著为负，且呈现倒U形变动的趋势，三线城市房地产的财富效应显著为正，但是数值较小，而二线城市房地产的财富效应并不显著，且有重蹈一线城市覆辙的可能性，正是由于这种显著的区域差异，导致我国总体的房地产财富效应显著为负。

三　“无（微弱）影响说”观点

张存涛（2006）采用了我国1987—2005年宏观数据分析了我国房地产价格的财富效应，研究结论对我国房地产价格的财富效应予以了否认，或者说，房价通过财富效应对居民消费不会产生任何影响。

黄平（2006）以全国2001年1月至2005年3月总体季度数据为样本，采用时间序列单位根检验和协整检验方法进行分析，研究发现，我国房地产市场价格变动对居民消费的影响比较微弱和有限。

骆祚炎（2007，2008）以1985—2005年的年度数据为样本，分别采用线性回归方法和向量自回归模型进行分析，研究发现，我国金融资产和住房资产的财富效应都较微弱，相比金融资产财富效应而言，住房资产财富效应更不明显，房价变动对消费的影响微乎其微。

罗文波、张祖国、苏多永（2009）以我国2000—2008年的季度数据为样本，采用Johansen协整关系对样本进行协整检验、格兰杰因果检验、脉冲响应函数与方差分解，研究表明，无论是短期还是长期，居民收入增加均是居民消费增加的格兰杰原因，反之也成立。协整检验结果表明，我国资产市场虽然存在一定的财富效应，但效果却很微弱；股票与房地产价格变动对居民消费影响机制截然不同，房地产市场财富效应滞后而且持久，而股票市场财富效应则迅速。

李涛、陈斌开（2014）以翔实的微观家户数据为样本进行分析，研究发现，家庭住房资产主要呈现出消费品属性，只存在微弱的“资产效应”，且不存在“财富效应”。因此，住房价格上涨无助于提高我国居民消费。

综观国内众多对房价上涨影响居民消费作用机制的研究文献，主要存在以下局限性：其一，由于国内研究的基本理论是借鉴国外经典消费函数或消费理论的，而国外的消费理论更多的是将股票和住房两种资产放在同一个框架中进行分析的，简言之，国内一些学者将住房资产和股票这两种实质上本不可分割的资产分开，只选择讨论其中一个，因此，财富效应系数必然会被严重夸大，从而导致分析结论出现偏差。其二，计量方法上存在一定的问题，一些学者在采用时间序列进行分析时，没有对数据进行单位根检验和协整检验，直接对时间序列进行回归，这样可能会导致分析结论出现“伪回归”现象。其三，数据上存在一定的缺陷，我国住房市场改革开始于 1998 年，至今仅有 17 年，但国内大部分学者在研究住房财富效应时，多数采用的是 1998 年以来的全国数据和年度数据，这样一来就会导致样本容量太小，分析结论出现较大偏差。由于这些理论、数据和方法上的缺陷，现阶段国内对房价上涨影响居民消费作用机制的研究工作还有待进一步深入分析和探讨，从而为宏观经济决策提供可供参考的价值。

第二节　房价上涨影响居民消费综合作用机制的理论研究

一　代表性城市房价和消费基本走势

正如前文提到的，国务院办公厅于 1998 年下半年颁布了《国务院关于进一步深化城镇住房制度改革加快住房建设的通知》（以下简称《通知》），《通知》中明确指出，我国自 1998 年下半年起将逐步实行城镇住房货币化分配，全面取消城镇住房实物化分配，并第一次提出建立和完善以经济适用房为主的多层次城镇住房供应体系。截至1998年年底，我国已全面停止实物分房，这标志着我国城镇住房制度发生了一次根本性的改变。但是，在具体执行住房货币化改革过程中，群众对住房需求满足的程度和住房补贴的发放并不令人满意，住房不公平现象逐步扩大，并随着房价的快速上涨不断恶化。自2003年以来，虽然政府在继续推进住房货币化改革的同时也在不断加大对房地产市场的宏观调控力度，如国务院先后颁发“前国八条”、“后国八条”、“国六条”等一系列文件，旨在稳定住房价格，但城市住房价格却一路上扬，一些一线城市房价增长率远远高于消费增长率。通过图7－1至图7－4，我们可以了解到四个直辖市城镇住房制度改革以来人均消费性支出、人均可支配收入和住房均价的基本走势情况。

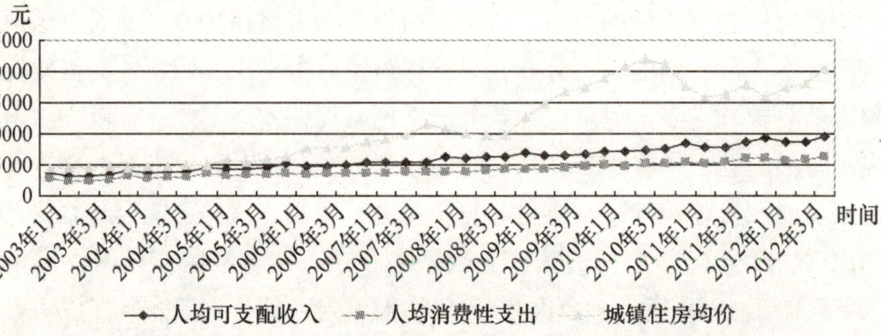

图7－1　2003—2012年北京市城镇人均可支配收入、人均消费性支出和住房均价走势

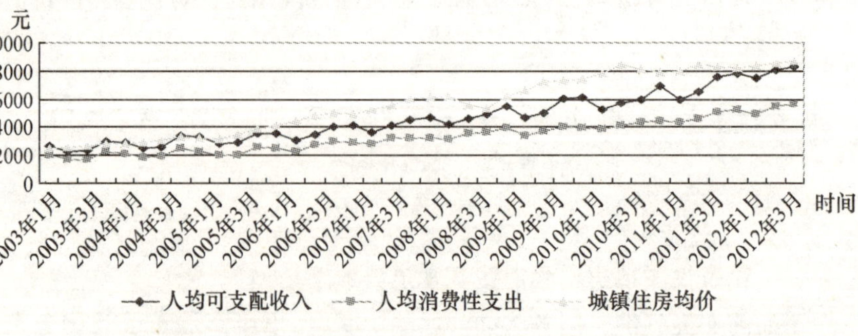

图7－2　2003—2012年天津市城镇人均可支配收入、人均消费性支出和住房均价走势

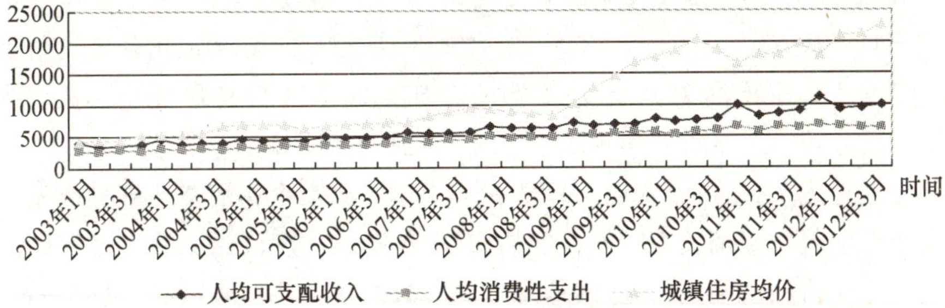

图 7－3　2003—2012 年上海市城镇人均可支配收入、人均消费性支出和住房均价走势

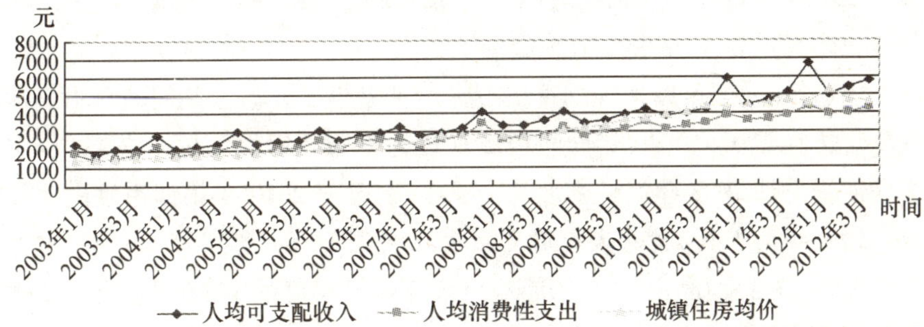

图 7－4　2003—2012 年重庆市人均可支配收入、人均消费性支出和住房均价走势

通过图 7－1 可以发现，2003—2012 年北京市人均消费性支出、人均可支配收入增长都较为缓慢，但从 2006 年第一季度，城市商品房住宅单价出现明显的上升趋势，并在 2010 年第四季度一度达到峰值。具体来看，人均消费性支出从 2003 年第一季度的 2847 元上升至 2012 年第四季度的 6383 元，增长率为 124.2%；人均可支配收入从 2003 年第一季度的 3753 元上升至 2012 年第四季度的 9521 元，增长率为 153.7%；而商品房住宅均价则从 2003 年第一季度的 4503 元上升至 2012 年第四季度的 20511 元，增长率高达 355.5%，可见，北京市房价增长率远远高于居民消费增长率。

通过图 7－2 可以发现，天津市人均消费性支出、人均可支配收入和住宅均价在 2005 年第三季度之前增长较为平稳，从 2005 年第四季度三者均呈现明显的上升态势。具体来讲，人均消费性支出从 2003 年第一季度的 2020 元上升至 2012 年第四季度的 5673 元，增长率为 180.8%；人均可支配收入从 2692 元上升至 8325 元，增长率为 209.2%；商品房住宅均价从 2003 年第一季度的 2504 元上升至 2012 年第四季度的 8693 元，增长率为 247.2%，可见，天津市房价增幅略高于居民消费增幅。

通过图 7－3 可以发现，2003—2012 年上海市人均消费性支出、人均可支配收入增长都较为缓慢，但从 2007 年第三季度开始，上海城市商品房住宅单价出现明显的上升趋势，并在 2010 年一度达到峰值。具体来看，人均消费性支出从 2003 年第一季度的 2793 元上升至 2012 年第四季度的 6380 元，增长率为 128.4%；人均可支配收入从 3933 元上升至 9983 元，增长率为 153.8%；而商品房住宅均价则从 2003 年第一季度的 4205 元上升至 2012 年第四季度的 22607 元，增长率高达 437.6%，可见，上海市房价增长率远远高于居民消费增长率。

通过图 7－4 可以发现，重庆市人均消费性支出、人均可支配收入和住宅均价在 2003—2012 年期间增幅都较为平稳和缓慢。具体来讲，人均消费性支出从 2003 年第一季度的 1860 元上升至 2012 年第四季度的 4262 元，增长率为 129.1%；人均可支配收入从 2303 元上升至 5789 元，增长率为 151.4%；商品房住宅均价从 2003 年第一季度的 1405 元上升至 2012 年第四季度的 4652 元，增长率为 231.1%，可见，重庆市房价增幅高于居民消费增幅，但不及北京、上海房价增幅之高。

通过上述分析可知，自 1998 年我国住房制度改革以来，城市居民消费增长较为平稳和缓慢，而城市商品房住宅单价均出现了不同程度的上涨。一线城市如北京、上海等地的房价出现大幅度上扬，其增幅要远远高于城市居民消费增幅，相比之下，其他一些二、三线城市如天津、重庆等地房价虽出现上涨趋势，但增幅与居民消费增幅基本持平或略高于消费增幅。

二 房价上涨影响居民消费不同作用机制的比较分析

通过前面章节分别对房价上涨影响居民消费不同效应的理论分析和实证检验，我们了解到，房价通过不同的作用机制会对居民消费产生不同程度的短期影响和长期影响。为了便于更好地将各种效应进行比较以及接下来对综合作用机制的分析，本节将对前面各种效应研究结论进行如下总结。

通过表 7－1 可以发现，房价上涨通过不同机制对居民消费所产生的影响程度不尽相同，且房价上涨影响居民消费的财富效应、抵押信贷效应和消费者信心效应均显著为正，而预防性储蓄效应则显著为负。从长期来看，房价上涨通过财富效应对居民消费所产生的影响最为明显，即房价每上涨1%，居民消费增加0.382%，房价上涨抵押信贷效应影响系数则最小，仅为0.103。从短期来看，房价上涨通过预防性储蓄效应对居民消费产生的影响则最大，房价每上涨1%，则居民消费下降0.527%，而抵押信贷效应影响系数则最小，仅为0.067。综合比较各个影响系数，除了预防性储蓄效应外，其他三种效应的长期影响系数均明显大于其短期影响系数。

表7-1　房价上涨影响居民消费不同作用机制的影响系数

房价上涨影响消费的作用机制	长期影响系数	短期影响系数
财富效应	0.382	0.263
抵押信贷效应	0.103	0.067
预防性储蓄效应	-0.675	-0.527
消费者信心效应	0.243	0.090

三　综合作用机制的模型建立和数据说明

前面章节对房价波动影响居民消费不同作用机制进行了理论分析和实证检验，本章将在前面研究的基础上，将反映各种效应的代理变量同时纳入基本理论模型中进行综合分析。

本章以全国2001年第一季度至2012年第四季度数据为样本，以城镇居民人均消费支出代表消费支出水平（*C*）并作为因变量纳入模型，自变量选择如下：以城镇居民人均可支配收入代表收入水平（*Y*），以各城市住房销售价格指数来代表其住房财富变动状况（*HP*），以上证综合收盘指数来代表各城市股票财富变动状况（*SP*），以银行住房抵押信贷额代表住房抵押信贷财富（*HM*），以城镇人均可支配收入的对数方差作为不确定性的代理变量（*UC*），以城镇居民借贷收入占可支配收入的比例作为流动性约束代理变量（*LC*），同时，和前面章节一致，引入一组控制变量，即以房屋租赁价格指数（*RP*）代表房屋租金的变动，土地交易价格指数（*LP*）代表土地价格，居民消费价格指数反映社会通货膨胀（*R*）。

原始数据来源于中国经济景气月报和中国人民银行统计季报，并进行了相应计算和处理。首先，房屋销售价格指数、房屋租赁价格指数和土地交易价格指数是同比数据，无法刻画其真实走势，因此将三者转换成以

2000年第一季度为100的定基比数据；其次，以居民消费价格指数2000年第一季度的定基比数据对城镇居民人均消费支出和人均可支配收入进行平减以削除物价，获得实际数据；最后，为了消除异方差的影响，对相关变量均进行了对数化处理。因此，本章采用的基本理论模型如下：

$$\ln C_t = \alpha_0 + \beta \ln Y_t + \lambda \ln HP_t + \theta \ln SP_t + \delta \ln HM_t + \rho UC_t + \gamma LC_t + \xi \ln CI_t + \eta_1 \ln RP_t + \eta_2 \ln LP_t + \eta_3 \ln R_t + \varepsilon_t \quad (7-1)$$

第三节　实证检验结果与分析

一　房价上涨影响居民消费综合作用机制实证分析

根据前面章节所介绍的研究方法，对于全国时间序列数据，将先进行单位根检验，如果时间序列平稳，则直接进行OLS回归；如果时间序列非平稳，则进行协整检验。若存在协整关系，则建立误差修正模型；反之，则建立向量自回归模型。

（一）单位根检验

本节仍将采用ADF方法进行单位根检验，通过使用软件Eviews 6.0，检验结果如表7－2所示。

从表7－2可以看出，所有变量的原序列均含有单位根，不管是仅含常数项的模型还是既含常数项又含时间趋势的模型，绝大部分的检验方法都接受原假设，认为存在单位根。一阶差分后的各个时间序列绝大部分的检验方法都拒绝原假设，认为不存在单位根。所以，这些变量的时间序列均是一阶单整。

表7－2　　模型（7－1）各个变量的ADF检验结果

变量	检验类型（C，T）	ADF检验值	变量	检验类型（C，T）	ADF检验值
$\ln C$	（C，0）	0.695306 （0.9905）	$D\ln C$	（C，0）	－12.67904 （0.0000）
$\ln Y$	（C，0）	－0.378223 （0.9029）	$D\ln Y$	（C，0）	－3.392802 （0.0175）
$\ln HP$	（C，T）	0.511921 （0.8216）	$D\ln HP$	（C，T）	－5.741318 （0.0000）

续表

变量	检验类型（C，T）	ADF 检验值	变量	检验类型（C，T）	ADF 检验值
ln*SP*	（C，T）	0.005458 （0.6787）	*D*ln*SP*	（C，T）	-3.475901 （0.0009）
ln*HM*	（C，0）	-1.522864 （0.6124）	*D*ln*HM*	（C，0）	-5.723418 （0.0001）
UC	（C，0）	-1.808308 （0.3710）	*DUC*	（C，0）	-4.460801 （0.0010）
LC	（C，0）	-1.897239 （0.3302）	*DLC*	（C，0）	-6.41541 （0.0000）
ln*CI*	（C，0）	-1.980647 （0.2939）	*D*lnCI	（C，0）	-5.986964 （0.0000）
*ln*RP	（C，T）	-1.076337 （0.5965）	D*lnRP*	（C，T）	-4.474202 （0.0000）
ln*LP*	（C，T）	-1.117933 （0.5188）	*D*lnLP	（C，T）	-5.286638 （0.0000）
lnR	（C，T）	0.235558 （0.7496）	D*ln*R	（C，T）	-4.109371 （0.0001）

注：①所有检验方法的原假设 H_0 为：存在单位根；②检验类型（C，T）分别表示单位根检验方程中包含常数项和时间趋势项；③ADF 检验值下方对应的括号内的数值是估计量的 *p* 值；④滞后阶数的选取是根据 SIC 标准。

（二）协整检验

上述单位根检验表明各变量经过一阶差分后平稳，接下来通过协整检验来考察变量间的长期均衡关系。本章采用迹检验和最大特征值检验两种方法来进行协整检验。在进行协整检验之前，必须选择准确的滞后阶数。这里通过 AIC 准则和 SIC 准则确定无约束 VAR 模型的滞后期都为 2 期。由于协整检验模型的滞后期即为无约束 VAR 模型的一阶差分变量的滞后期，因此，可设定协整检验模型的滞后期为 1。

通过协整检验可以看出，无论是迹检验还是最大特征值检验，均表明在 5% 显著性水平下拒绝原假设，认为序列之间至少存在两个协整方程（见表 7-3）。换言之，变量之间都存在长期稳定的协调关系，具有共同的随机趋势。由于本书更为关注的是包含所有变量的第一个协整方程，因此，利用软件 Eviews 6.0，可以得到如表 7-4 所示标准化后的协整方程系数。

表 7-3　　模型（7-1）协整检验结果

原假设 H_0	迹检验			最大特征值检验			结论
	Trace	5%临界值	*P* 值	*Max - Eigen*	5%临界值	*P* 值	
$r=0$	278.0941	159.5297	0.0000	116.6531	52.36261	0.0000	$r=2$
$r\leqslant1$	161.4410	125.6154	0.0001	64.65022	46.23142	0.0002	
$r\leqslant2$	91.79076	95.75366	0.1423	34.55755	40.07757	0.1836	
$r\leqslant3$	62.23321	69.81889	0.2733	23.02726	33.87687	0.5284	

注：*Trace* 表示迹检验统计量，*Max - Eigen* 表示最大特征值检验统计量，*r* 表示协整向量的个数。

表 7-4　　模型（7-1）标准化后的协整方程系数估计值

变量	ln*C*	ln*Y*	ln*HP*	ln*SP*	ln*HM*	*UC*
协整系数估计值	1.000000	-1.082980 (0.14972)	-0.256246 (0.14972)	-0.073803 (0.01176)	0.099353 (0.03482)	2.35682 (0.18566)
变量	*LC*	ln*CI*	ln*LP*	ln*RP*	ln*R*	
协整系数估计值	1.126385 (0.15146)	-0.204581 (0.13069)	0.083620 (0.04749)	0.168240 (0.02967)	-0.828866 (0.10007)	

注：括号内的数值表示标准差。

结合第六章房价对不确定性因素、流动性约束和消费者信心影响的实证分析结论，可以估算出预防性储蓄效应和消费者信心效应影响系数分别为-0.358和0.164。因此，综合模型四种效应系数如表7-5所示。

通过表7-5可以发现，在综合模型中，四种效应中除了预防性储蓄效应外，其他三种效应均为正，且预防性储蓄效应最为明显，影响系数为-0.608，抵押信贷效应则相对较小，系数仅为0.099。总的来看，一方面，长期内，综合模型中各种效应的影响系数均小于前面章节中对不同效应分别进行实证分析所得到的结论，这说明当同时考虑到房价波动影响消费的多种效应时，每种效应对消费的影响程度均在不同程度上小于单独考虑每一种效应时的影响系数，或者说，当仅仅对其中某一种效应进行分析时，往往会放大该效应的影响系数，产生一定的偏差；另一方面，长期内，预防性储蓄效应要大于其他三种效应的综合值，这意味着房价上涨通过各种作用机制对居民消费会产生负面效应和抑制作用，且综合影响系数为-0.158，即房价每上涨1%，居民消费会下降0.158%。

表 7-5　　四种效应的长期影响系数估算值比较

房价上涨影响消费的作用机制	综合模型的影响系数	不同效应模型的影响系数
财富效应	0.256	0.382
抵押信贷效应	0.099	0.103
预防性储蓄效应	-0.608	-0.675
消费者信心效应	0.095	0.243

（三）误差修正模型

协整方程能够准确地分析变量间的长期均衡关系，但却不能用来分析变量间的短期动态关系，因此这里将采用向量误差修正模型（VECM）来解决这一问题。考虑到 VECM 模型是含有协整约束的向量自回归模型，因此根据协整检验所确定的变量间无约束向量自回归模型的滞后期为 2，可以将向量误差修正模型的滞后期设定为 1。因此，可建立如下模型：

$$\begin{aligned} D\ln C_t = {} & \alpha_0 + \alpha_1 D\ln C_{t-1} + \alpha_2 D\ln Y_{t-1} + \alpha_3 \ln HP_{t-1} + \alpha_4 \ln SP_{t-1} \\ & + \alpha_5 \ln HM_{t-1} + \alpha_6 UC_{t-1} + \alpha_7 LC_{t-1} + \alpha_8 \ln CI_{t-1} + \alpha_9 D\ln RP_{t-1} \\ & + \alpha_{10} D\ln LP_{t-1} + \alpha_{11} D\ln R_{t-1} + \alpha_{12} vecm_{t-1} + u_t \end{aligned} \tag{7-2}$$

式（7-2）中，$vecm$ 表示协整方程中长期均衡误差修正项，u_t 为白噪声。利用 Eviews 6.0 软件，可以得到如表 7-6 所示 VECM 模型估计结果。

从表 7-6 和表 7-7 可以看出，模型中 $vecm_{t-1}$ 系数显著为负，调整方向符合误差修正机制，因此可以自动调节变量之间的长期均衡关系。从综合模型中各变量系数来看，四种效应除了预防性储蓄效应外，其他三种效应均为正，且预防性储蓄效应最为明显，影响系数为 -0.394，抵押信贷效应则相对较小，系数仅为 0.032。由此可见，从短期来看，综合模型中各种效应的影响系数均小于前面章节中对不同效应分别进行实证分析所得到的结论，这说明当同时考虑到房价波动影响消费的多种效应时，每种效应对消费的影响程度均在不同程度上小于单独考虑每一种效应时的影响系数，或者说，当仅仅对其中某一种效应进行分析时，往往会放大该效应的影响系数，产生一定的偏差；此外，预防性储蓄效应要大于其他三种效应综合值，这说明房价上涨通过各种作用机制对居民消费会产生负面效应和抑制作用，且综合影响系数为 -0.082，即房价每上涨 1%，居民消费会下降 0.082%。

表 7-6　　误差修正模型（7-2）估计结果

变量	误差修正系数估计值	变量	误差修正系数估计值
$vecm_{t-1}$（α_{12}）	-0.580460 (0.09080) [-6.39304]	DUC_{t-1}（α_6）	1.323998 (0.18839) [2.75022]
$D\ln C_{t-1}$（α_1）	0.546690 (0.13057) [4.48480]	DLC_{t-1}（α_7）	0.678292 (0.16572) [3.45642]
$D\ln Y_{t-1}$（α_2）	0.468142 (0.18178) [2.57530]	$D\ln CI_{t-1}$（α_8）	0.161404 (0.14991) [2.68311]
$D\ln HP_{t-1}$（α_3）	0.229438 (0.19766) [2.87160]	$D\ln RP_{t-1}$（α_9）	-0.121750 (0.14988) [-2.48031]
$D\ln SP_{t-1}$（α_4）	0.042624 (0.03399) [1.25399]	$D\ln LP_{t-1}$（α_{10}）	-0.093923 (0.08171) [-1.14952]
$D\ln HM_{t-1}$（α_5）	0.032673 (0.09175) [2.53325]	$D\ln R_{t-1}$（α_{11}）	0.642688 (0.47146) [2.21162]

注：圆括号内的数值表示标准差，方括号内的数值表示 t 统计量。

表 7-7　　四种效应的短期影响系数估算值比较

房价波动影响消费的作用机制	综合模型的影响系数	不同效应模型的影响系数
财富效应	0.229	0.263
抵押信贷效应	0.032	0.067
预防性储蓄效应	-0.394	-0.527
消费者信心效应	0.051	0.090

二　实证结论分析

通过综合模型分析可知，无论是从短期还是长期来看，城市房价上涨影响居民消费的抵押信贷效应、财富效应和消费者信心效应均为正，而预防性储蓄效应则为负。从长期来看，预防性储蓄效应的影响系数要明显大于其他三种效应影响系数的综合值，这意味着房价上涨通过各种作用机制对居民消费会产生负面效应和抑制作用，且综合影响系数为－0.158，即房价每上涨1%，居民消费会下降0.158%。从短期来看，预防性储蓄效应影响系数要大于其他三种效应影响系数的综合值，房价上涨通过各种作用机制对居民消费会产生负面效应和抑制作用，且综合影响系数为－0.082，即房价每上涨1%，居民消费会下降0.082%。由此可见，无论是从长期还是短期看，房价上涨都会抑制居民消费，且房价上涨对居民消费的长期影响要大于其短期影响。

通过以上对房价上涨影响居民消费作用机制的综合分析可知，房价上涨在长期和短期内对居民消费会产生截然不同的影响，而之所以产生这种结论背后深层次的原因可以从以下几个方面来寻求。

其一，房价上涨影响居民消费的财富效应建立在居民存在自有住房的前提条件之下。统计数据显示，西方发达国家居民住宅自有率通常在50%以上，换言之，有超过一半数量以上的居民拥有自己的住房，所以，房价影响消费的财富效应在这些国家也就具备了发挥作用的必要基础，房价上涨能够在很大程度上促进居民消费增加。我国住房制度改革自1998年以来也仅有17年的时间，目前仍然没有官方公布的住宅自有率数据。由建设部发布的《城镇房屋概况统计公报》可知，2003—2005年这三年内我国住宅私有率分别为80.2%、80.8%和81.6%。但值得注意的是，住宅私有率这一指标通常用来衡量私有住宅面积占住宅总面积的比例，由于我国少数家庭私有住宅往往占据较大面积，因此，住宅自有率要远远低于住宅私有率这一指标。而且，在私有住房中，又有一半以上数量是经济适用房或者是房改房，这些房屋的所有者仍然可以被看作潜在的购房者。所以，可以认为我国居民拥有满意住房的家庭达不到50%，在这种情况下，房价上涨影响居民消费的财富效应在短期内虽然为正，但影响程度不及西方发达国家明显，但是从长期来看，随着居民住宅自有率的不断提高和房价上涨使得居民实际货币余额的不断增加，财富效应的影响会逐渐增加，因此，财富效应的长期影响系数要大于短期影响系数。

其二，我国房地产金融发展滞后，进一步制约了房价影响消费的抵押信贷效应的实现。从理论上来讲，实现房价抵押信贷效应的条件之一就是房屋所有者能够顺利地实现房产抵押变现，筹集额外的资金用于消费。西方国家的消费者能够通过房产逆向抵押贷款等金融产品来实现和利用房产收益。较为典型的房产逆向抵押贷款指的是一些老年房主凭借房屋所有权从银行获得年金收入，而在其去世时将房产所有权再行转让给银行。这种金融产品在不立即改变房屋产权的情况下促进了住房所有者消费的增加，因此，可以被认为是实现房价抵押信贷效应的重要手段。此外，美国、意大利等很多国家都将住宅抵押贷款利息可在个人所得税应纳税所得中扣除这一制度应用于房地产金融市场，这无疑会使得消费者贷款购房和以住房为抵押品进行再贷款的利息成本有所下降，房价抵押信贷效应也因此会被不断放大。除此之外，美国还具有成熟的抵押贷款保险制度和发达的住宅抵押贷款二级市场，这些便利条件在一定程度上促使消费者随着房价的上涨更愿意购买住房，或是更愿意贷款进行购房消费。与上述发达国家的现实情况相比，我国房地产金融发展较为滞后，住房逆向抵押贷款类的金融产品目前尚未付诸实践。虽然现阶段房地产抵押信贷业务已展开，但是，房地产抵押贷款保险制度和房地产抵押贷款二级市场等配套机制的缺失使得我国房地产抵押信贷的发展远远不及西方国家发达。此外，我国目前还没有实施抵押贷款利息在个人所得税前扣除这一制度，从而使得房地产抵押贷款利息成本较高。这些因素都使得我国自有住房者很少会因为房价上涨而增加消费，从而在一定程度上制约了房价上涨影响居民消费的抵押信贷效应在我国的实现。

其三，我国住房制度改革自1998年以来也仅有17年的时间，最近几年我国居民住房需求被极大程度地释放出来，潜在购房者在消费者总体中占有较大比重。随着房价的逐渐上升，潜在购房者需要支付更高额度的购房款或首付款，这部分群体为了拥有自住房会减少当期消费增加储蓄，这在一定程度上解释了短期内预防性储蓄效应会导致房价上升极大程度上抑制居民消费。而从长期来看，为了实现居者有其屋，房价的不断攀升会使得居民的预防性储蓄动机更强，消费行为更加谨慎。因此，房价上涨通过预防性储蓄效应影响居民消费的长期影响系数要大于短期影响系数。

其四，截至1998年年底，我国已经全面停止实物分房，这意味着我国城镇住房制度发生了一次根本性的改变。但是，在具体执行住房货币化改革过程中，群众对住房需求满足的程度和住房补贴的发放并不令人满意，住房不公平现象逐步扩大，并随着房价的快速上涨不断恶化。自2003年以来，我国政府在不断推进房改的同时，加大了对房地产市场的宏观调控力度，如国务院先后颁发“前国八条”、“后国八条”、“国六条”等一系列文件旨在稳定住房价格。随着房改以来国家针对住房市场不断出台的宏观调控措施和城市房价出现的跌宕起伏，居民的消费者信心和对未来的预期在短期内并不明朗，因此，房价通过消费者信心效应影响居民消费短期影响系数较小；但从长期来看，随着我国房地产市场发展的逐步完善和国家对房地产市场的逐渐规范，居民的消费者信心和对未来的预期会不断增强，而房价的消费者信心效应影响系数也会相应上升。因此，房价影响居民消费的长期影响系数要大于短期影响系数。

三　小结

本章首先对国内关于房价影响居民消费的不同观点进行了综述，研究发现，国内研究存在一定的局限性，如将住房资产和股票这两种实质上本不可分割的资产分开，只选择讨论其中一个，因此，财富效应系数无疑会被夸大，导致分析结论出现偏差；或者在计量方法上存在一定的问题，采用时间序列进行分析时未对数据进行单位根检验和协整检验，直接对时间序列进行回归，这样可能会导致分析结论出现“伪回归”现象；或者是数据上存在一定的缺陷，多数采用的是1998年以来的全国数据和年度数据，这样一来就会导致样本容量太小，分析结论出现较大偏差。由于数据、指标和方法等方面存在着局限性，目前国内学术界对房价影响居民消费具体作用机制的研究工作还有待进一步深入分析和探讨，从而为宏观经济决策提供可供参考的价值。接下来，本章分析了代表性城市1998年房改以来房价和消费的基本走势，研究发现，城市居民消费增长较为平稳和缓慢，而城市商品房住宅单价均出现了不同程度的上涨。一线城市如北京、上海等地的房价出现大幅度上扬，其增幅要远远高于城市居民消费增幅，相比之下，其他一些二、三线城市如天津、重庆等地房价虽出现上涨趋势，但增幅与居民消费增幅基本持平或略高于消费增幅。

接下来，本章分别采用协整方程和误差修正模型对房价上涨影响居民消费的长期综合作用机制和短期综合作用机制进行了实证研究。具体来讲，协整方程表明，四种效应中除了预防性储蓄效应外，其他三种效应均为正，且预防性储蓄效应最为明显，抵押信贷效应则相对较小。从长期来看，一方面，综合模型中各种效应的影响系数均小于前面章节中对不同效应分别进行实证分析所得到的结论，这说明当同时考虑到房价波动影响消费的多种效应时，每种效应对消费的影响程度均在不同程度上小于单独考虑每一种效应时的影响系数，或者说，当仅仅对其中某一种效应进行分析时，往往会放大该效应的影响系数，产生一定的偏差；另一方面，预防性储蓄效应的影响系数要大于其他三种效应的综合值，这意味着房价上涨通过各种作用机制对居民消费会产生负面效应和抑制作用，且综合影响系数为 -0.158。向量误差修正模型表明，四种效应除了预防性储蓄效应外，其他三种效应均为正，且预防性储蓄效应最为明显，抵押信贷效应则相对较小。从短期来看，综合模型中各种效应的影响系数都小于前面章节中对不同效应单独或分开进行实证分析所得到的结论，这说明当同时考虑到房价波动影响消费的多种效应时，每种效应对消费的影响程度均在不同程度上小于单独考虑每一种效应时的影响系数，或者说，当仅仅对其中某一种效应进行分析时，往往会放大该效应的影响系数，产生一定的偏差；此外，预防性储蓄效应要大于其他三种效应综合值，房价上涨通过各种作用机制对居民消费产生抑制作用和负面效应，且综合影响系数为 -0.082。综上所述，无论是短期还是长期，房价上涨对居民消费都会产生负面效应和抑制作用，且长期影响要大于短期影响。

第八章 结论、建议与展望

第一节 研究结论

近年来，房地产业在我国国民经济中的地位日趋重要，房地产价格尤其是商品房住宅价格的快速上扬引起了社会各界的广泛关注。房地产业发展与我国当前消费不足、投资过热等现状密切相关。保持房地产价格与宏观经济尤其是消费的协调发展是摆在我国政府面前的一个突出难题。因此，正确认识房地产尤其是商品住房价格的变化规律，科学评价当前住房价格走势并预测其发展趋势，准确评估住房价格对消费的正面和负面影响，对目前政府调控房地产市场具有十分重要的意义。

基于这样的研究背景，本书借助于宏观经济学、货币银行学、金融经济学等理论方法和计量经济学的研究工具，对1998年我国住房制度改革以来城市住房价格的基本特征进行了分析和判断，从房价和租金关系、房价和地价关系两个不同的视角对我国城市住房价格泡沫化问题进行了实证分析和检验；并采用理论分析和实证检验相结合，从宏观层面全面深入地分析了我国住房价格上涨影响居民消费的各种作用机制，并得出以下主要结论。

（1）通过1998年房改后我国城市住房价格特征的计量分析可知，我国各个大中城市房租与房价之间不存在长期稳定的均衡关系，城市房价存在一定的泡沫。我国各大中城市房价与地价之间存在显著正相关关系，且在各个城市间存在较大的差异。东部地区城市地价对房价的影响程度要大于中西部地区，长期内城市房价对地价的影响程度不如地价对房价的影响程度大。

（2）通过对全国和14个城市住房价格上涨影响居民消费财富效应的

分析可知，住房价格和居民消费之间存在显著的正的长期均衡关系，即房价对居民消费影响的财富效应为正，相比之下，股票价格的波动对居民消费的影响则较小；向量误差修正模型分析表明，住房财富效应和股票财富效应短期内虽然都为正，但住房价格波动对居民消费的影响更为显著，住房财富效应长期内更为明显。

通过对 14 个大中城市面板数据分析发现，长期来看，我国各大中城市房价与消费之间存在着稳定均衡的关系，并且这种关系在各个城市间表现出较大的差异性。具体而言，除了大连、厦门和武汉三个城市住房价格波动对居民消费影响不明显，其他城市房价和居民消费呈现显著的正相关关系，其中，影响最为明显的是一些二线城市，如西安，接下来依次是南京和杭州。14 个大中城市中具有一线城市房价的几个城市如北京、上海、深圳和广州住房价格变动对消费的影响系数明显小于其他二线城市房价波动对居民消费的影响。总的来看，城市住房价格上涨对居民消费影响存在显著的正的财富效应，不同城市住房价格上涨均会导致居民消费不同程度的显著增加。

（3）通过对全国和 14 个城市住房价格上涨影响居民消费抵押信贷效应的分析可知，城镇居民人均可支配收入是影响消费的主要因素，且与消费呈正相关关系；房价上涨对居民消费有正向抵押信贷效应；相比之下，虽然房价波动的财富效应和股票财富效应均为正，但房价财富效应要明显大于房价对居民消费的抵押信贷效应和股票财富效应。因此，从长期来看，我国城市住房价格上涨影响居民消费的抵押信贷效应介于房价财富效应和股价财富效应之间。向量误差修正模型分析表明，短期内，住房价格波动通过抵押信贷机制对居民消费的影响呈正方向变动；住房价格波动对居民消费影响的财富效应表现则更为明显，相比之下，股价的波动影响居民消费的财富效应则最小。因此，短期内住房财富效应和抵押信贷效应虽然都为正，但财富效应的影响则更为显著；而且，短期内住房价格波动影响居民消费的财富效应和抵押信贷效应均小于长期效应。

通过对 14 个大中城市面板数据分析发现，长期来看，我国各大中城市房价与消费之间存在着稳定均衡的关系，并且这种关系在各个城市间表现出较大的差异性。具体分析，住房价格通过抵押信贷效应机制对消费的影响只有北京、上海、广州和深圳四个一线城市呈显著的正相关关系，其中影响最大的是上海，接下来依次是北京、广州、深圳。虽然其他城市房价波动影响居民消费的抵押信贷效应为正，但均不显著。由此可见，房价波动通过抵押信贷效应对居民消费产生的影响在北京、上海等一线城市表现得更为显著，且呈正相关关系，而房价波动通过财富效应对居民消费产生的影响在二线城市的表现则更为显著。

（4）通过对城市住房价格上涨影响居民消费的预防性储蓄效应的分析可知，房价与不确定性因素和流动性约束存在长期均衡的正相关性，而不确定性因素和流动性约束与城市居民消费之间却存在长期均衡的负相关性，综合来看，长期内，房价波动通过不确定性因素和流动性约束导致居民预防性储蓄增加最终会导致居民消费下降。向量误差修正模型表明，短期内，房价与不确定性因素和流动性约束呈显著的正相关，而不确定性因素和流动性约束与城市居民消费之间呈现显著的负相关关系，综合分析，短期内，房价上涨通过不确定性因素和流动性约束导致居民预防性储蓄增加最终同样会导致居民消费下降。短期内住房价格波动影响居民消费的预防性储蓄效应要小于其长期效应。

（5）通过对房价波动影响居民消费的消费者信心效应分析表明，长期来看，房价与消费者信心存在长期均衡的正相关性，而消费者信心与城市居民消费之间同样存在长期均衡的正相关性，综合来看，房价上涨通过消费者信心的增强会使得居民消费增加。短期内，房价与消费者信心呈显著的正相关关系，消费者信心与城市居民消费之间也呈现显著的正相关，综合分析，房价上涨通过消费者信心的传导会导致居民消费增加。但是短期内住房价格波动影响居民消费的消费者信心效应要小于其长期效应。

（6）通过对房价上涨影响居民消费的长期和短期综合作用机制的分析可知，长期来看，四种效应中除了预防性储蓄效应外，其他三种效应均为正，且预防性储蓄效应最为明显，抵押信贷效应则相对较小。具体来讲，一方面，综合模型中各种效应的影响系数均小于前面章节中对不同效应分别进行实证分析所得到的结论，这说明当同时考虑到房价波动影响消费的多种效应时，每种效应对消费的影响程度均在不同程度上小于单独考虑每一种效应时的影响系数，或者说，当仅仅对其中某一种效应进行分析时，往往会放大该效应的影响系数，产生一定的偏差；另一方面，预防性储蓄效应影响系数要大于其他三种效应的综合值，这说明房价上涨通过各种作用机制对居民消费会产生负面效应和抑制作用。短期来看，四种效应除了预防性储蓄效应外，其他三种效应均为正，且预防性储蓄效应最为明显，抵押信贷效应则相对较小。而且，综合模型中各种效应的影响系数均小于前面章节中对不同效应分别进行实证分析所得到的结论，这说明当仅仅对其中某一种效应进行分析时，往往会放大该效应的影响系数，产生一定的偏差；此外，预防性储蓄效应要大于其他三种效应综合值，房价上涨通过各种作用机制对居民消费会产生负面效应和抑制作用。可见，无论是短期还是长期，城市房价上涨都会抑制居民消费，且房价对居民消费的长期影响要大于其短期影响。

第二节 政策建议

本书的理论研究和实证分析的主要目的是为了更好地服务于社会实践和生产实践。本书对城市住房价格影响居民消费的作用机制进行了理论探索，并在此基础上对各种作用机制和综合作用机制进行了深入的实证研究，其最终目的在于更好地促进我国房地产业和消费的可持续健康发展。根据本书前面章节研究所得到的结论，可以从以下几个方面采取相应的政策措施。

（1）由于房价上涨影响居民消费的财富效应建立在居民存在自有住房的前提条件之下，因此要想更好地发挥财富效应这一作用机制，就必须增加居民的自有住房。具体来讲，当务之急政府应当加强保障性住房建设，从而提高居民自有住房率，增加居民的住房财富。

尽管1998年房改中对不同收入阶层的住房体系进行了明确界定，即“最低收入家庭购买廉租房，中低收入家庭购买经济适用房，其他收入高的家庭购买或租赁市场价商品房”，并且房改中一再强调，“经济适用房是住房供应的主体”。但从现实情况来看，随着我国商品房市场的不断扩大，经济适用房占商品住宅投资比重在逐渐下降。统计资料显示，2000年我国经济适用房销售面积为3760万平方米，占普通住宅总面积的23%。而2009年，我国经济适用房销售面积为3012万平方米，只占普通住宅总面积的4%。不仅如此，1998—2009年经济适用房投资额占住宅总投资额的比重从13%下降到了4.4%。与之相应，商品房价格则一路上扬。自2004年房地产成为主导产业后，造成了过分的市场化，房价越来越高，房地产业走向畸形和极端，出现了“重市场，轻保障”倾向。

国家住房与城乡建设部2011年3月向各地发出《关于报送城镇保障性安居工程任务的通知》，该《通知》明确提出，2011年计划建设保障性安居工程任务上调至1000万元/套。较之2010年中央政府确定的580万元/套保障性住房的建设规划，2011年版的规划总量已近翻番。2011年保障性住房总量大规模的增加，表明政府越来越重视保障性住房体系的构建。在此前多次楼市调控不力的情况下，注重保障性住房建设意味着中央对房地产调控方式的转变，中央政府试图打破“重市场，轻保障”的格局，重新理顺房地产市场中保障性住房和商品房双体系的关系。

住房作为人们必不可少的生存依靠，居者有其屋是其基本的民生问题之一。一国政府作为宏观调控组织者，有不可推卸的责任来保障市场解决不了的贫困家庭的居住问题，通过收入的再分配和适当的政策干预，以满足市场解决不了的中低收入阶层的住房需求，而这既是实现社会收入再分配的一种重要方式，也是维护社会安定团结的一种重要手段。现阶段，我国城镇住房制度中的保障元素主要有经济适用房制度和廉租住房制度，最低收入阶层的家庭可以租住由地方政府或所在单位提供的廉租房，中低收入阶层的家庭可以购买经济适用住房。但总的来看，廉租住房的财政资金投入严重不足，经济适用房制度实施过程中容易出现“寻租”问题，目前我国的住房保障制度的保障作用的发挥还相当有限，构织一张充分而有效的住房保障网还任重道远。

（2）我国房地产金融的发展滞后在一定程度上制约了房价影响消费的抵押信贷效应的实现，因此要更好地发挥抵押信贷效应这一作用机制，必须推动房地产金融的持续健康发展，密切监控房地产信贷风险。

一方面，我国在开展房地产抵押信贷业务时可以借鉴西方发达国家经验，考虑发展房地产抵押贷款保险制度和房地产抵押贷款二级市场等配套机制，从而来促进我国房地产抵押信贷的快速发展。同时，也可以考虑试行抵押贷款利息在个人所得税前扣除的制度，进而使得房地产抵押贷款利息成本有所降低，促进自有住房者因房价上升而增加消费，从而进一步发挥房价上升影响居民消费抵押信贷效应。

另一方面，要密切监控房地产信贷风险。1998年住房货币化改革以来，房价的放开及众多地区城市化进程的加快在一定程度上促进了房地产市场投资的持续增加和银行信贷资金对该市场的不断介入，这在一定程度上加剧了房地产市场规模的逐步扩大及房地产价格的进一步上扬。虽然我国较多大中型城市持续高涨的房价受到人们住房的真实需求逐渐增加或城市化进程加快等因素的影响，但不可否认的是，增长过程中也存在着偏离经济基本面的一些因素。尤其是近几年，我国银行业为了提高盈利率和市场占有率，扩大了房地产抵押信贷规模，房地产被作为抵押资产来获得银行信贷的现象极为普遍。但值得注意的是，与发达国家相比，我国的信用管理体制还相对比较落后，远未达到西方发达国家水平，所以说，一旦出现房价大幅度下跌状况，很可能会造成银行危机，从而使得金融对实体经济带来负面影响。

在过去 20 多年里，资产价格剧烈波动已成为一个世界性经济现象，各国宏观调控者也逐渐认识到资产价格泡沫很容易对金融体系和实体经济带来严重的负面影响和冲击。资产价格迅速上涨会促使投资增加和消费的快速增长，进而会拉动总需求推高通货膨胀。与此同时，为了追逐高额利润，金融机构和公众会大量举债来参与资产投机并最终形成严重的泡沫，而一旦这种资产泡沫产生破灭，则会导致金融体系的不良资产剧增，银根紧缩，宏观经济陷入衰退或萧条状态，甚至可能会导致金融危机的发生。从我国目前的现实情况来看，与房地产信贷风险暴露值的国际标准和亚洲金融危机发生前一些国家信贷风险的暴露值相比较而言，我国房地产市场信贷风险的暴露值被严重低估，因此，必须引起政策当局的高度关注。虽然我国房地产市场的发展时间相对比较短暂，现阶段还没有出现像日本泡沫经济和美国次贷危机等比较严重的金融危机或经济危机，但应该引以为鉴，密切监控房地产市场的信贷风险。

从我国目前的现实情况来看，加大对住房抵押贷款的风险控制力度应成为当务之急。具体来讲，要逐步建立个人信用制度，完善个人信用评价体系，以解决逆向选择问题；建立政府担保和商业性保险相结合的住房金融保险体系，分散金融系统风险；对中低收入家庭采取住房信贷贴息政策，减少被迫违约的风险；加强中介行业的建设，加强行业自律，充分赋予其市场经济中的主体地位。

（3）由于我国目前潜在购房者在消费者总体中占有较大比重，房价上升使得这部分群体为了拥有自住房会不断增加储蓄而减少消费，进而使得预防性储蓄效应这一负向作用机制较大。因此，为了降低这一作用机制的负面效应，政府必须采用宏观调控政策来抑制房价的过快上涨，同时加强保障性住房建设，进而提高居民自有住房率，减少预防性储蓄，增加消费。

抑制我国房价的过快上涨，首先，要控制房地产的信贷规模。虽然央行从2003年就开始出台相关政策来紧缩房地产信贷规模，但最初几年收效甚微，直至最近两年方显成效。而一些商业银行为了追求高额利润，依然向房地产开发商和投机购房者提供巨额信贷。对此，政府应当责成央行对房地产业采取更加紧缩的金融政策，不仅要提高房地产贷款利率，而且还应严格控制房地产信贷规模，包括继续提高商业银行准备金和房地产开发企业的资本金比例及第二套、高档住宅的首付比例和贷款利率等措施。

其次，要抑制土地市场的投机交易。自2004年土地市场由原来的协议转让变为“招拍挂”政策后，土地价值才得以真正的体现，土地价格也一路上扬，并主要由地方政府获得土地溢价。但是土地市场上交易的很多土地实质上是“招拍挂”之前已经获得的。由于土地政策紧缩，新增用地指标有限，造成土地供应预期紧张，并且在房地产开发商价格上涨预期不变的情况下，虽公开招投标的土地供应量只占交易总量的很小比例，但这种符合市场机制的土地政策却加剧了土地市场的投机行为，并被房地产开发商用来制造“地荒论”，成为“高地价导致高房价”的理由。因此，除实行土地“招拍挂”之外，中央政府还应要求地方政府加大对闲置土地的清理力度，采取征收土地增值税、契税、营业税等措施，严格控制土地的投机交易。

最后，要遏制投机购房需求。针对商品房投机炒作行为，应提高房地产交易税率。对购买期房、商品房短期内转手交易的，除征收营业税外，还应取消原来对出售商品房征收个人所得税、营业税等方面的优惠，严格商品房出售收入个人所得税、营业税等的征收。调查表明，异地“炒房团”基本上都是投机套利者。因此，要控制房地产价格非理性上涨，就必须对这类游资的投机套利行为进行严格打击，例如，在购房者的身份、购房后的交易条件等方面设置一定的限制条件，将这类投机资金的消极作用控制在最小范围内。

（4）房改以来政府针对住房市场相继出台的宏观调控措施和城市房价出现的跌宕起伏使得消费者信心和对未来的预期并不明朗，这在一定程度上导致房价通过消费者信心效应这一作用机制对居民消费的正面影响较小。因此，要更好地发挥这一作用机制，政府必须有效地利用房地产价格信息，稳定宏观调控政策，增强消费者信心。

我国目前是处于体制转型期的发展中国家，从我国近年来房地产市场宏观调控政策来看，基本上属于“相机抉择”和“后顾性”措施，很少具有前瞻性的宏观经济政策规则作为政策调整依据，这意味着我国政府当局对未来经济的预测能力和控制能力还比较弱。这主要是由于我国房地产市场化改革时间还不长，市场化机制还不完善，能采集到的有效样本比较小，没有建立起完善的先行指标数据库，因此无法建立大型的宏观经济预测模型。此外，我国经济结构目前尚处于转轨时期，经济主体之间行为关系往往不具有可信度，存在着非一致性预期的经济结构和价格管制的现象，所以，要建立精确的预测模型存在较大难度。这些因素在一定程度上会造成消费者信心不足或对未来预期不明朗，进而对居民当期和未来消费产生一定的制约和影响。

我国房地产价格可以提供市场关于宏观经济相关变量的预期信息，如通货膨胀、产出缺口、金融稳定，房地产价格在我国经济中的作用越来越重要，因此房地产价格具有很好的参考依据，可以作为重要的先行指标之一，宏观政策的制定应该越来越多地考虑房地产价格因素。此外，房地产价格信息同时也反映了市场对宏观政策调整的反馈信息，如利率调整对经济复苏的刺激或对经济过热的降温，不仅反映到市场流动性的注入或收紧，也影响房地产市场投资和消费的热情，以及房地产的信贷规模，最终都会体现到房地产价格的变动上来。而且，通过对房地产价格的波动性的测定，货币当局可以理解市场预期的变动和不确定性，从而不断修正自己对市场的判断，不断提高预测和监控能力，并努力通过政策来引导市场预期向更有利于宏观经济稳定的方向发展。

综上所述，政府应该加强房地产市场尤其是住房市场的宏观调控。1998 年住房制度改革以来，我国城市住房价格一路上扬，房地产投资快速增长，房地产业逐步成为我国国民经济中的支柱产业，对经济增长起着举足轻重的促进作用。但同时也要注意到住房价格上涨这把“双刃剑”的另一面，即对居民消费在短期内所产生的抑制作用业已显现。在当前“保增长、扩内需和调结构”的大背景下，房地产投资和消费的增长对经济的促进作用见效很快，但对扩大内需和调整结构都会产生负面的影响。消费需求的增长乏力目前是制约影响我国经济快速增长的关键原因之一，若要推动我国宏观经济持续健康稳定的增长，就必须重视消费需求的作用。伴随着房价的上涨，房地产财富在不断增加，房地产行业积聚了大量社会资源和资金，这样一来，不仅容易滋生泡沫，而且也可能会对当前正在我国展开的经济结构调整造成影响。所以，我们必须根据宏观经济平衡的要求保持房地产市场的稳定、合理的发展，加强房地产市场宏观调控，抑制房价过快上涨。

第三节　研究展望

本书的结论和政策建议是建立在理论框架和经验回归模型的基础之上，因此模型的假设条件是否合理、样本数据是否真实都会对本书的最终结论产生重要影响。在实证分析中，本书尽可能选择来源可靠、时序较长、截面较多的样本数据，使估算结果更具有稳健性，得到更加客观和准确的结论。即便如此，由于我国房地产业发展时间较多，房地产市场不成熟，相关的统计数据较为滞后，仍然存在一些遗憾之处，这也是后续研究需要重点关注的方向。

其一，本书尽可能地通过各种渠道收集数据，但本书数据主要集中在全国和相关城市的宏观统计数据，缺少微观家庭或居民长期跟踪调查的统计数据，如不同年龄组或不同收入阶层的居民消费支出情况和房屋资产情况等资料，这必然会造成不能全面研究不同城市住房价格变动对居民消费的影响。此外，我国住房市场化改革也仅有十余年左右的时间，房地产市场存在着房价信息不对称情况，这无疑也会影响最终的实证研究结论，在一定程度上降低了解释的可靠性和预测的准确度。随着我国微观家庭调查数据的逐渐丰富和房地产市场房价信息的不断完善，这一不足将会逐渐得到修正和改善。

其二，国外研究表明，房地产价格的财富效应具有非对称性，房地产价格上涨与下跌对消费会产生不同的影响，进而对宏观经济产生的影响是不对称的。我国房地产市场化改革以来，房地产价格几乎是处于单边上涨状态，还没有经历一个完整的上升和下降的周期，所以，关于我国房地产价格下跌的财富效应还有待后续研究。

其三，在分析房价上升影响我国居民消费作用机制时，可以考虑从居民可支配收入这一视角切入加以分析。就宏观税率而言，由于近些年来我国房地产业是很多地方政府财税收入的主要来源，因此，当房价出现上涨时，房地产业的税收也会相应地增加，地方政府的总量税收收入和宏观税率也会被逐步带动上升。而同时，居民可支配收入占比却在逐渐下降，居民消费率也就随之下降，这些还有待后续研究。

其四，城市住房价格上涨对住房自身消费的影响是一个复杂的、有趣的问题，可以借鉴行为金融学的相关理论，进而对房价与消费之间的关系进行更加深入和系统化的研究，以期总结出我国居民住房消费的规律性特征。

参考文献

[1] Alberto, M. and Oreste, N. "Financial Condition Index and Interest Rate Settings: A Comparative Analysis", *Money Macro and Finance (MMF) Research Group Conference Paper*, No. 1, 2004.

[2] Alchian, A. A. and Klein, B. "On a Correct Measure of Inflation", *Journal of Money, Credit and Banking*, No. 2, 1973.

[3] Allen, F. and Gale, D. "Bubbles, Crisis and Policy", *Oxford Review of Economic Policy*, No. 3, 1999.

[4] Attfield CLF, Cannon, "The Impact of Age Distribution Variables on the Long Run Consumption Function", *University of Bristol, Discussion paper*, No. 3, 2003.

[5] Attanasio, O. P. and M. Browning, "Consumption over the Life Cycle and over the Business Cycle", *American Economic Review*, Vol. 85, 1995.

[6] Attanasio, O. and H. Low, "Estimating Euler Equations", *NBER Technical Working Paper*, 253, 2000.

[7] Attanasio, O, Blow, L, Hamilton, R. and Leicester, A, "Booms and Busts: Consumption, House Prices and Expectations", *Bank of England Working Paper*, 271, 2005.

[8] Bacchetta, P., Gerlach, S, "Consumption and Credit Constraints: International Evidence", *J. Monet. Econ*, No. 40, 1997.

[9] Bandiera, O., Caprio, G. Jr., Honohan, P., Schiantarelli, F, "Does Financial Reform Raise or Reduce Savings?", *Rev. Econ. Statist.*, Vol. 82, No. 2, 2000.

[10] Bernanke, B. S., Gertler, M., "Inside the Black Box: The Credit Channel of Monetary Policy Transmission", *J. Econ. Perspect*, Vol. 9, No. 4, 1995.

[11] Benjamin, John D., Peter Chinloy and G. Donald Jud, "Real Estate versus Financial Wealth in Consumption", *Journal of Real Estate Finance and Economies*, Vol. 29, No. 3, 2004.

[12] Bover, O. "Wealth Effects on Consumption: Microeconometric Estimates from the Spanish Survery of Household Finances", *Working Paper*, No. 522, 2005.

[13] Browning, M. and Lusardi, "A. Household Saving: Micro Theories and Micro Facts", *Journal of Economic Literature*, Vo1. 34, 1996.

[14] Bryan,. M., Cecchetti, S. and OSullivan, "R. Asset Prices in the Measurement of Inflation", *NBER Working Paper Series*, 2000.

[15] Campbell, J. and Cocco, J, "How Do House Prices Affect Consumption? Evidence from Micro Data", *Journal of Monetary Economics*, No. 54, 2007.

[16] Campbell, J. Y., Mankiw, N. G., 1991, "The Response of Consumption to Income: A Cross Country Investigation", *Europ. Econ. Rev*, No. 35, 1991.

[17] Campbell, J. Y and Mankiw, N. G (1989), "Consumption, Income and Interest Rates: Reinterpreting the Time - Series Evidence in Blanchard, O. J and Fischer' s", *NBER Macroeconomics Annual*, 1989.

[18] Caporale, G., Williams G., "Monetary Policy and Financial Liberalization: the Case of United Kingdom Consumption", *J. Macroecon*, Vol. 23, No. 1, 2001.

[19] Carroll, C. D, "Death to The Log - linearized Consumption Euler equation! (And Very Poor Health to The Second - order Approximation)", *Advances in Macroeconomics*, Vol. 1, No. 1, 2001.

[20] Carroll, C. D, "A Theory of the Consumption Function, with and without Liquidity Constraints", *Journal of Economic Perspectives*, Vol. 15, No. 3, 2001.

[21] Case, K. E., Quigley, J. M. and Shiller R., "Comparing Wealth Effects: The Stock Market versus the Housing Market", *Advances in Macroeconomics*, No. 5, 2005.

[22] Chen, J. "Re - evaluating the Association between Housing Wealth and

Aggregate Consumption: New Evidence from Sweden", *Journal of Housing Economics*, No. 4, 2006.

[23] Davis, M., Palumbo, M., "A Primer on the Economics and Time Series Econometrics of Wealth Effects", *FEDS Working Paper*, 2001.

[24] Deaton, A. S., "Wealth Effects on Consumption in a Modified Life - Cycle Model", *Review of Economic Studies*, Vol. 39, 1972.

[25] Elliott, J. W. "Wealth and Wealth Proxies in a Permanent Income Model", *Quarterly Journal of Economics*, No. 5, 1980.

[26] Engelhardt, Gary V., "House Price and Home Owner Saving Behavior", *Regional Science and Urban Economies*, No. 26, 1996.

[27] Fields, G., and Ok, E. A. "The Meaning and Measurement of Income Mobilit", *Journal of Economic Theory*, Vol. 71, 1996.

[28] Andrew J. Filardo, "Monetary Policy and Asset Prices", Federal Reserve Bank of Kansas City, *Economics Review*, 3rd Quarter, 2000.

[29] Granger, "Testing for Causality: A Personal Viewpoint", *Journal of Economic Dynamics and Control*, No. 2, 1980.

[30] Goodhart C., *Price Stability and Financial Fragility in the Central Bank and the Financial System*, MIT Press, 1995.

[31] Goodhart, C. and Hofmann, B. Asset Prices, "Financial Conditions, and the Transmission of Monetary Policy", *Asset Prices, Exchange Rate, and Monetary Policy Conference Paper, Stanford University, March* 2001.

[32] Greenwald, B. C. and Stiglitz, J. E, "Financial Market Imperfections and Business Cycles", *The Quarterly Journal of Economics*, Vol. 108, No. 1, 1993.

[33] Greiber, C. and Setzer, R., "Money and Housing: Evidence for the Euro Area and the US", Deutsche Bundesbank Discussion Paper, Series 1: Economic Studies, No. 12, 2007.

[34] Hall, R., "Stochastic Implications of the Life Cycle - permanent Income Hypothesis: Theory and Evidence", *J. Polit. Economy*, Vol. 86, No. 6, 1978.

[35] Iacoviello, M. and Minetti, R., "Financial Liberalisation and the Sen-

sitivity of House Prices to Monetary Policy: Theory and Evidence", *The Manchester School*, Vol. 71, 2003.

[36] Levin, L, "Are Assets Fungible? Testing the Behavioral Theory of Life – Cycle Savings", *Journal of Economic Organization and Behavior*, Vol. 36, 1998.

[37] Levin, A., Lin, C. F. and Chu, C., "Unit Root Tests in Panel Data: Asymptotic and Finite – Sample Properties", *Journal of Econometrics*, Vol. 108, 2002.

[38] Ludwing, A. and Torsten Slok, "The Impact of Changes in Stock Prices and House Prices on Consumption in OECD Countries", IMF Working Paper, No. 1, 2002.

[39] Lustig, H. and Van Nieuwerburgh, S. G., "Housing Collateral, Consumption Insurance and Risk Premia: An Empirical Perspective", *Journal of Finance*, Vol. 60, 2005.

[40] Maddala, G. S., S. Wu, "A Comparative Study of Unit Root Tests with Panel Data and A New Simple Test", *Oxford Bulletin of Economics and Statistics*, No. 61, 1999.

[41] Mayes, D., and Viren, M, "Financial Conditions Indexes", *Bank of Finland Discussion Paper*, No. 17, 2001.

[42] Mehra, Y, "The Output Gap, Expected Future Inflation and Inflation Dynamics: Another Look", *Topics in Macroeconomics*, No. 4, 2004.

[43] Muellbauer, John, "Income Persistence and Macropolicy Feedbacks in the USA", *Oxford Bulletin of Economics and Statistics*, No. 58, 1996.

[44] Muellbauer, John and Anthony Murphy, "Income Expectations, Wealth and Demography in the Aggregate UK Consumption Functions", presented at HM Treasury Academic Panel, http: // www. housingoutlook. co. uk., 1993.

[45] Muellbauer, John and Ralph Lattimore, "The Consumption Function: A Theoretical and Empirical Overview", In Hashem Pesaran and Michael Wickens, eds., *Handbook of Applied Econometrics*, Oxford: Blackwell, 1995.

[46] Muellbauer, John and Anthony Murphy, "Explaining Regional Con-

sumption", Bank of Portugal Conference on the Microeconomics of Saving, Lisbon, Ms Nuffield College, Oxford, 1995.

[47] Muellbauer, J. and Murphy, "A. Booms and Busts in the UK Housing Market", CEPR, Discussion paper, Vol. 1615, 1997.

[48] Milton, F., *A Theory of the Consumption Function*, National Bureau of Economic Research, Inc. 1957.

[49] Nikola Dvornak and Marion Kohler, "Housing Wealth, Stock Market Wealth and Consumption: a Panel Analysis for Australia", *Research Discussion Paper*, July. 2003.

[50] Ortalo – Magné, F., and Rady, S, "Housing Market Dynamics: On the Contribution of Income Shocks and Credit Constraints", *Review of Economic Studies*, Vol. 73, 2006.

[51] Patterson, K. D, "Net Liquid Assets and Net Illiquid Assets in the UK Consumption Function: Some Evidence for the UK", *Economic Letters*, Vol. 14, No. 4, 1984.

[52] Prinsloo, J. W, "The Saving Behaviour of the South African Economy", Occasional Paper, Pretoria: South African Reserve Bank, No. 15, 2000.

[53] Poterba, J. M. and J. M. Manchester, "Second Mortgages and Household Saving", *Regional Science and Urban Economics*, Vol. 19, No. 2, 1989.

[54] Poterba, J. M, "Stock Market Wealth and Consumption", *Journal of Economic Perspectives*, American Economic Association, Vol. 14, 2000.

[55] Pedroni, P, "Critical Values for Cointegration Tests in Heterogeneous Panels with Multiple Regressors", *Oxford Bulletin of Economics and Statistics*, Vol. 61, 1999.

[56] Raymond, Y. C., Man, K. F. and Choy, L., "The Impact of Housing and Financial Wealth on Household Consumption: Evidence from Hong Kong", *Journal of Real Estate Literature*, No. 15, 2007.

[57] Sierminska, E. and Takhtamanova, Y., "Wealth Effects out of Financial and Housing Wealth: Cross Country and Age Group Comparisons",

Federal Reserve Bank of San Francisco, Working Paper Series No. 1, 2007.

[58] Sheiner, Louise, "Housing Prices and the Savings of Renters", *Journal of Urban Economics*, Vol. 38, 1995.

[59] Shiller, Robert J., *Macro Markets: Creating Institutions for Managing Society's Largest Economic Risks*, New York: Oxford University Press, 1998.

[60] Sinai, Todd and Nicholas Souleles, "Owner - Occupied Housing as a Hedge Against Rent Risk", unpublished paper, Wharton School, University of Pennsylvania, 2003.

[61] Skinner, Jonathan, "Housing Wealth and Aggregate Saving", *Regional Science and Urban Economics*, Vol. 19, 1989.

[62] Skinner, J, "A Superior Measure of Consumption from the Panel Study of Income Dynamics", *Economics Letters*, Vol. 23, 1987.

[63] Solnik, B., Bourcrelle, C. and Le, F. Y., "International Market Correlation and Volatility", *Financial Analysts Journal*, Vol. 52, 1996.

[64] Stiglitz, J. E. and Andrew, W, "Credit Rationing in Markets with Imperfect Information", *American Ecomomic Review*, No. 6, 1981.

[65] Thaler, Richard H., "Anomalies: Saving, Fungibility and Mental Accounts", *Journal of Economic Perspectives*, No. 4, 1990.

[66] Tracy, Joseph and Henry Schneider, "Stocks in the Household Portfolio: A Look Back at the 1990's", *Current Issues in Economics and Finance*, No. 7, 2001.

[67] Yao, Rui and Harold H. Zhang, "Optimal Consumption and Portfolio Choices with Risky Housing and Borrowing Constraints", *Forthcoming Review of Financial Studies*, 2004.

[68] Yogo, Motohiro, "A Consumption - Based Explanation of Expected Stock Returns", unpublished paper, Harvard University, 2003.

[69] Zeldes, Stephen, P., "Consumption and Liquidity Constraints: An Empirieal Inversigation", *Journal of Political Economy*, Vol. 97, 1989.

[70] Zeldes, Stephen, P., "Optimal Consumption with Stochastic Income:

Deviations from Certainty Equivalence", *Quarterly Journal of Economics*, Vol. 104, 1989.

[71] 蔡风景、李元、王慧敏:《CPI、REI、PPI 和房地产价格传导研究——来自上海的实证数据》,《南方经济》2008 年第 6 期。

[72] 蔡晓春、罗江华:《资产价格波动对通货膨胀的动态冲击检验》,《统计与决策》2008 年第 19 期。

[73] 陈伟利:《美国消费信贷的经验分析与我国消费信贷市场的发展》,《国际商务研究》2003 年第 5 期。

[74] 陈训波、周伟:《家庭财富与中国城镇居民消费:来自微观层面的证据》,《中国经济问题》2013 年第 2 期。

[75] 邓健、张玉新:《房价波动对居民消费的影响机制》,《管理世界》2011 年第 4 期。

[76] 杜海、邓翔:《流动性约束和不确定性状态下的预防储蓄研究——中国城乡居民的消费特征分析》,《经济学》(季刊)2005 年第 1 期。

[77] 杜莉、沈建光、潘春阳:《房价上升对城镇居民平均消费倾向的影响——基于上海市入户调查数据的实证研究》,《金融研究》2013 年第 3 期。

[78] 方毅、赵石磊:《房屋销售价格和租赁价格的关系研究》,《数理统计与管理》2007 年第 6 期。

[79] 崔光灿:《房地产信贷、价格及市场供求关系研究》,《金融论坛》2008 年第 12 期。

[80] 丁攀、胡宗义:《股价与房价波动对居民消费影响的动态研究》,《统计与决策》2008 年第 15 期。

[81] 董倩、王千红:《基于房租资本化模型的我国房地产泡沫实证分析》,《经济师》2010 年第 2 期。

[82] 段忠东、曾令华、黄泽先:《房地产价格波动与银行信贷增长的实证研究》,《金融论坛》2007 年第 2 期。

[83] 杜红艳、马永开:《我国房价与租金 Granger 因果关系的实证研究》,《管理评论》2009 年第 1 期。

[84] 甘犁、尹志超、贾男等:《中国家庭资产状况及住房需求分析》,《金融研究》2013 年第 4 期。

[85] 高波、毛丰付:《房价与地价关系的实证检验》,《产业经济研究》2003 年第 3 期。

[86] 杭斌、申春兰:《潜在流动性约束与预防性储蓄行为——理论框架及实证研究》,《管理世界》2005 年第 9 期。

[87] 郝东阳:《房价对城镇居民消费影响的区域差异——基于 31 个省、市和自治区的面板数据分析》,《消费经济》2013 年第 6 期。

[88] 何德旭、高伟凯:《股票市场对居民储蓄的影响:一个实证分析》,《数量经济技术经济研究》2002 年第 11 期。

[89] 黄静、屠梅曾:《房地产财富与消费:来自于家庭微观调查数据的证据》,《管理世界》2009 年第 7 期。

[90] 黄平:《我国房地产财富效应货币政策关系的实证检验》,《上海金融》2006 年第 6 期。

[91] 柯昇沛、黄静、屠梅曾:《基于非平稳面板计量方法的房地产价格非理性繁荣检验》,《上海交通大学学报》2011 年第 12 期。

[92] 况伟大:《房价与地价关系研究:模型及中国数据检验》,《财贸经济》2005 年第 11 期。

[93] 况伟大:《房价变动与中国城市居民消费》,《世界经济》2011 年第 10 期。

[94] 赖溟溟、白钦先:《我国居民消费财富效应的实证研究》,《上海金融》2008 年第 8 期。

[95] 李成武:《中国房地产财富效应地区差异分析》,《财经问题研究》2010 年第 2 期。

[96] 李春风、陈乐一、刘建江:《房价波动对我国城镇居民消费的影响研究》,《统计研究》2013 年第 2 期。

[97] 李剑、臧旭恒:《住房价格波动与中国城镇居民消费行为——基于 2004—2011 年省际动态面板数据的分析》,《南开经济研究》2015 年第 1 期。

[98] 李健飞、史晨昱:《我国银行信贷对房地产价格波动的影响》,《上海财经大学学报》2005 年第 4 期。

[99] 李德智、李启明:《南京市房价与物价的协整关系分析》,《现代城市研究》2008 年第 7 期。

[100] 李木祥:《中国房地产泡沫研究》,中国金融出版社 2007 年版。

[101] 李涛、陈斌开：《家庭固定资产、财富效应与居民消费：来自中国城镇家庭的经验证据》，《经济研究》2014 年第 3 期。

[102] 李天祥、苗建军：《房价上涨对国民经济影响的理论分析》，《软科学》2011 年第 2 期。

[103] 李学峰、徐辉：《中国股票市场财富效应微弱研究》，《南开经济研究》2003 年第 3 期。

[104] 黎友焕：《当前房价房租变化新趋势》，《人民论坛》2014 年第 1 期。

[105] 梁亚民、韩君：《房价波动对物价水平影响的动态模拟》，《统计研究》2014 年第 2 期。

[106] 廖海勇、陈璋：《房地产二元属性及财富效应的区域差异研究》，《财贸研究》2015 年第 1 期。

[107] 廖湘岳、潘爱民：《我国房地产价格变动与物价总水平变动的关系》，《吉首大学学报》（自然科学版）2008 年第 7 期。

[108] 林莹、吕萍、周滔：《房价、地价和房屋租金关系研究——以北京市为例》，《价格理论与实践》2007 年第 4 期。

[109] 刘旦、姚玲珍：《中国城镇住宅财富效应的微观检验》，《北京科技大学学报》（社会科学版）2008 年第 3 期。

[110] 刘金全：《股票收益率与通货膨胀率的相关性研究——基于对我国经济周期波动过程的考察》，《吉林大学社会科学学报》2009 年第 1 期。

[111] 刘骏民：《财富本质属性与虚拟经济》，《南开经济研究》2002 年第 5 期。

[112] 刘建江、杨玉娟、袁冬梅：《从消费函数理论看房地产财富效应的作用机制》，《消费经济》2005 年第 4 期。

[113] 刘琳、刘洪玉：《地价与房价关系的经济学分析》，《数量经济技术经济研究》2003 年第 7 期。

[114] 罗楚亮：《经济转轨、不确定性与城镇居民消费行为》，《经济研究》2004 年第 4 期。

[115] 骆祚炎：《城镇居民金融资产与不动产财富效应的比较分析》，《数量经济技术经济研究》2007 年第 11 期。

[116] 骆祚炎：《中国居民金融资产与住房资产财富效应的比较检验》，

《中国软科学》2008 年第 4 期。
[117] 南开大学虚拟经济与管理研究中心课题组:《房地产虚拟资产特性研究报告》,《南开经济研究》2004 年第 1 期。
[118] 平新乔、陈敏彦:《融资、地价与楼盘价格趋势》，北京大学中国经济研究中心讨论稿系列 No. C2004001。
[119] [美] 斯蒂格利茨:《经济学》，姚开建等译，高鸿业等校，中国人民大学出版社 1997 年版。
[120] 宋勃、高波:《房价与地价关系的因果检验》，《当代经济科学》2007 年第 1 期。
[121] 宋勃:《房地产市场财富效应的理论分析和中国经验的实证检验:1998—2006》,《经济科学》2007 年第 5 期。
[122] 宋明月、臧旭恒:《基于微观数据的我国城乡房产财富效应检验》,《统计与决策》2015 年第 4 期。
[123] 孙凤:《消费者行为数量研究——以中国城镇居民为例》，上海人民出版社 2002 年版。
[124] 唐建伟:《股票与房地产价格变化对消费的影响》,《上海金融科学院学报》2004 年第 1 期。
[125] 王春梅:《中国房地产财富效应的区域差异分析》,《统计与决策》2015 年第 9 期。
[126] 王锋、李宇嘉:《我国经济增长前景下的房地产市场与金融稳定》,《财贸研究》2008 年第 5 期。
[127] 王海港:《中国居民的收入分配和收入流动性研究》，中山大学出版社 2007 年版。
[128] 王洪卫、简德三、孙明章:《房地产经济学》，上海财经大学出版社 1997 年版。
[129] 王辉龙、王先柱:《房价、房租与居民的买租选择：理论分析与实证检验》,《现代经济探讨》2011 年第 6 期。
[130] 王玉宝、黄志勇:《资产价格波动的货币政策含义——文献综述与评价》,《上海金融》2004 年第 3 期。
[131] 魏锋:《中国股票市场和房地产市场的财富效应》，《重庆大学学报》(自然科学版) 2007 年第 2 期。
[132] 武康平、皮舜、鲁桂华:《中国房地产市场与金融市场共生性的一

般均衡分析》，《数量经济技术经济研究》2004 年第 10 期。

［133］肖本华：《我国的信贷扩张与房地产价格》，《山西财经大学学报》2008 年第 1 期。

［134］谢岳来：《基于房价租金比的京沪穗杭房价研究》，《浙江经济》2004 年第 10 期。

［135］徐艳：《北京房价过高的原因和房价控制》，《城市问题》2002 年第 1 期。

［136］严金海：《中国的房价与地价：理论、实证和政策分析》，《数量经济技术经济研究》2006 年第 1 期。

［137］杨云红、邹恒甫：《社会地位、非期望效用函数、资产定价和经济增长》，《经济研究》2001 年第 10 期。

［138］易刚、王召：《货币政策与金融资产价格》，《经济研究》2002 年第 3 期。

［139］易宪容：《中国房地产过热与风险预警》，《财贸经济》2005 年第 5 期。

［140］尹恒、李实、邓曲恒：《中国城镇个人收入流动性研究》，《经济研究》2006 年第 10 期。

［141］余华义、陈东：《我国地价、房价和房租关系的重新考察：理论假设与实证检验》，《上海经济研究》2009 年第 4 期。

［142］［英］约翰·伊特韦尔等：《新帕尔格雷夫经济学大辞典》，陈岱孙译，经济科学出版社 1996 年版。

［143］曾康林：《必须关注房地产经济的特殊性及其对金融的影响：对我国现阶段房地产经济的理论分析》，《金融研究》2003 年第 9 期。

［144］邬丽萍：《房地产价格上涨的财富效应分析》，《求索》2006 年第 1 期。

［145］张大永、曹红：《家庭财富与消费：基于微观调查数据的分析》，《经济研究》2012 年第 11 期。

［146］张红：《房地产经济学》，清华大学出版社 2005 年版。

［147］张红、章辉赞：《通货膨胀与商品住宅价格关系的实证分析》，《清华大学学报》（自然科学版）2008 年第 3 期。

［148］张宏斌：《房价中的地价因素及其作用分析》，《中国土地》2001 年第 9 期。

[149] 张慧芳、王晔:《中国居民位置消费行为的实证分析》,《当代经济学》2004 年第 1 期。

[150] 张攀、张丽娟:《基于 VAR 模型的上海房价与租金关系再检验》,《科技经济市场》2013 年第 6 期。

[151] 张仁德、王昭凤:《虚拟财富与真实财富——与刘骏民教授商榷》,《天津社会科学》2004 年第 2 期。

[152] 张涛、龚六堂、卜永祥:《资产回报、住房按揭贷款与房地产均衡价格》,《金融研究》2006 年第 2 期。

[153] 张晓晶、孙涛:《中国房地产周期与金融稳定》,《经济研究》2006 年第 1 期。

[154] 张晓峒:《计量经济学软件 Eviews 使用指南》,南开大学出版社 2004 年版。

[155] 章奇、米建伟、黄季:《收入流动性和收入分配:来自中国农村的经验证据》,《经济研究》2007 年第 11 期。

[156] 中国人民银行研究局课题组:《中国股票市场发展与货币政策完善》,《金融研究》2002 年第 4 期。

[157] 周京奎:《房价地价与租赁价格关系的再认识》,《改革》2005 年第 8 期。

[158] 周京奎:《城市土地价格波动对房地产业的影响》,《当代经济科学》2006 年第 7 期。

[159] 周永宏:《当前我国房价与租金关系的经济学分析——一个市场区隔理论的解释》,《当代财经》2005 年第 10 期。

[160] 周豫、盛翔:《对城镇居民消费倾向的区域与动态影响》,《消费经济》2013 年第 12 期。

后　记

本书是在我的博士学位论文的基础上修改完成的。本书的出版同时得到中南民族大学经济学院和中南民族大学中国区域经济协调发展研究团队的资助。

特别感谢中南民族大学经济学院的领导和同事们，正是由于他们的鞭策和鼓励才使本书顺利完成。感谢中南民族大学副校长李俊杰教授，感谢经济学院院长成艾华教授、副院长张英教授和李波副教授，正是得益于他们的帮助，本书才能及时与读者见面；感谢郭广迪教授和陈祖海教授，每次向他们请教都会有很大的收获；还要感谢经济学院其他老师对本书提出过很多富有建设性的意见和建议。同时，还要感谢中国社会科学出版社的各位编辑在本书出版过程中付出的辛勤劳动。

特别感谢博士生导师方福前教授，老师为人谦和，治学严谨。从老师那儿，笔者深刻体会到什么是对学问的敬畏，这让笔者终身受益。感谢老师这些年的悉心关心和教导。

在本书的写作过程中，笔者借鉴了部分专家学者的研究成果，参考和引用了一些专家学者的观点，在此一并致以诚挚的谢意。

由于笔者水平和能力有限，书中定有不足之处，敬请各位读者不吝赐教。

徐小鹰

2015 年 8 月于武汉